Захар Прилепин

Захар Прилепин

Москва
АСТ
2015

УДК 821.161.1-31
ББК 84(2Рос=Рус)6-44
П76

Оформление переплёта – *Андрей Ферез*

Прилепин, Захар.

П76 Летучие бурлаки / Захар Прилепин. – Москва : АСТ : Редакция Елены Шубиной, 2015. – 349, [3] с. – (Захар Прилепин: публицистика).

ISBN 978-5-17-088415-5

Захар Прилепин – прозаик, публицист, музыкант, обладатель премий «Национальный бестселлер», «СуперНацБест» и «Ясная Поляна». Автор романов «Обитель», «Санькя», «Патологии», «Чёрная обезьяна», сборников рассказов «Грех», «Ботинки, полные горячей водкой» и «Восьмёрка».

В книгу «Летучие бурлаки» вошли новые, не публиковавшиеся ранее эссе Захара, написанные в последние три года: о «либералах» и «патриотах», о детях и семье, о литературе и кино – все они неизменно вызывали широкую полемику в обществе.

УДК 821.161.1-31
ББК 84(2Рос=Рус)6-44

ISBN 978-5-17-088415-5

СОДЕРЖАНИЕ

Всё получилось само собой

Ряд эссе, составивших данную книжку, прочитало большее количество людей, чем мои романы или рассказы.

«Письмо товарищу Сталину», «Доброкачественные люди», «Почему я не либерал» – эти статьи перепечатывались в газетах с миллионными тиражами, выкладывались на десятках сайтов, на них до сих пор дают всё новые ссылки в социальных сетях. Из ответов на «Письмо товарищу Сталину» можно было бы сделать отдельную книгу, но мы не будем этим заниматься.

Другие эссе, напротив, никто толком не читал – потому что писались они для зарубежной периодики либо для провинциальных малотиражных изданий.

Некоторые из собранных здесь текстов сначала появлялись на сайте «Свободная Пресса», после чего, как правило, перепечатывались в газете «Советская Россия», а следом – лучшие из них – публиковались в журнале «Наш современник».

Другая часть статей была опубликована в журнале "Story", куда я перебрался, когда понял, что в «Огоньке», где несколько лет был постоянным колумнистом, меня уже не очень ждут.

Пользуясь случаем, хочу сказать, как я благодарен Владимиру Чернову – создателю "Story" – не столько за возможность публиковаться (с этим никогда не было никаких проблем, проблема – помолчать год-другой), сколько за поддержку. Светлая память, Владимир Борисович.

Ещё часть статей была обнародована в разнообразном глянце, названия которого я сейчас не упомню.

Несколько текстов сохранились от лучшего в России за последнюю четверть века журнала (во втором явлении – интернет-портала), который назывался «Русская жизнь».

Основные претензии по поводу этого сборника мне известны заранее.

Главная: почему так много о либералах.

Ничего не много: дюжина статей.

«Ты нас ругаешь, а мы и так лежим, побиты и растоптаны, как тебе не стыдно!»

Как будто когда, к примеру, Лесков или Достоевский ругали либералов – либералы управляли страной. Тогда либералов в подзорную трубу было не рассмотреть, но что-то заставляло уважаемых классиков с маниакальной привязчивостью говорить о волнующем их.

Какие-то нехорошие предчувствия двигали ими, не правда ли?

Потому что сегодня – да, либеральные деятели вроде бы растоптаны и побиты; а завтра смотришь – а они уже здесь, уже в силе, уже в праве, уже во главе.

«Они всегда возвращаются».

Что до моих побуждений говорить об этом – то и здесь у меня всё как-то случайно, само собой получилось.

Я вполне мирно воспринимаю либерализм в качестве идеологии; просто зачастую те, кого я называю либералами в России, таковыми являться не вправе по определению. Но если вам, читатель, нужно, чтоб я их называл другим словом, – придумайте его. Либо выгоните этих самозваных либералов отсюда, чтоб они не портили такое славное (впрочем, всё равно во многих частностях глубоко чуждое мне) учение своим видом.

О российском либерализме (после моего осознанного бешенства девяностых – начала нулевых) я заговорил ни с того ни с сего через полгода после Болотной площади, и потом не мог успокоиться в течение пары лет. Каждые две недели я писал новую колонку о либералах в тщетной надежде хоть что-то им доказать. Не тут-то было.

Следом началась украинская эпопея, в которой российские либералы в целом выступили не на стороне России и людей, считающих себя русскими, а на какой-то своей стороне.

Увидев всё это, я наконец угомонился, потому что стало ясно: пару лет я стрелял именно по тем мишеням, по которым следовало стрелять, – и теперь все вопросы сняты.

Выяснять больше нечего. Российский либерал оказался ровно тем, что я о нём говорил и думал.

С тех пор я с куда большим удовольствием пишу о детях (что может быть важнее), о моде, о погоде, о литературе наконец. Или – о себе, если приходится к слову.

Нисколько не меньше, чем действительно утратившие свой лоск либеральные деятели, меня интересуют воспрянувшие и расправившие свои совиные крыла патентованные «государственные патриоты» – об этой подлой породе тоже приходится говорить.

Многие тексты, которые писались в недавнее время по конкретным поводам, сюда не вошли – ради них мы, быть может, сделаем отдельную, дневниковую книжку, чтобы по-

нять, в чём приходилось ошибаться, а где сказанное – било в цель.

Что до нижеприведённых статей – то, написанные в последние три года, они, к сожалению, актуальности не утратили. Я прочитал их сегодня с тем чувством, будто вчера вечером написал: они тёплые и слегка наэлектризованные.

Посмотрим, что будет с ними, скажем, года через три.

Книгу эту я поначалу хотел назвать «Юный, злой, левый». Потом подумал, что её можно назвать «Старый добрый консерватор». В России это одно и то же.

В итоге назвал так, как написано на обложке.

СКАЖУ О ТОМ, О ЧЁМ ВЕРНЕЙ СМОЛЧАТЬ

Русская душа – понятие ругательное. Если хочешь прослыть чудаком, а то и дураком – с болью, всерьёз говори про русскую душу или русский характер.

У Сергея Есенина была такая, почти уже непоэтическая строчка: «Я люблю Родину. Я очень люблю Родину». Размер сломан: душа безразмерна.

Если сегодня такое сказать – пожмут плечами, скажут шёпотом: «Наверное, на зарплате», – и кивнут головой в сторону невидимого за снежной мгой Кремля.

Русская душа боится говорить вслух, не хочет принимать решений. В России все глобальные решения принимают природа, поэзия, география.

Но неправда, что в России всё размыто, невнятно.

Напротив, у нас всё очень ясно: зима, весна, лето, осень. Времена года – не перепутаешь, не в Греции. Вот валенки, вот калоши, вот босой пробежался, вот пора резиновые сапоги натягивать, а то грязь до горизонта.

Русская душа живёт тихо, как картошка в подполе, никого не учит жизни.

Мне случается бывать за границей, и, едва приезжаю в чудесный Париж, мощный Берлин, непостижимый Рим, великолепный Нью-Йорк, преисполненный достоинства Лондон или даже в печальную, очаровательную Варшаву, сразу начинаю что-то объяснять местным про свою страну. То есть не я первый начинаю — это они спрашивают, мне приходится отвечать.

«Ну что у вас там с этим? — спрашивают. — Ну что у вас там с тем?»

Что, мол, кран не завернули, опять лужа. Да там всегда была лужа, говорю.

А что настроили там опять, тюрьму, что ли? Не знаю, говорю, может, и тюрьму.

Россия всегда как бы виновата. Даже если, скажем, в Грузии что-то разошлось по шву, или на Украине не срастается, — наша вина.

Антарктида, Азия, какая-нибудь Америка — всегда может русский след найтись, всегда можно с русского спросить.

С одной стороны, есть внутри радость, что о нас беспокоятся, о нас думают, нас, можно сказать, жалеют.

С другой стороны, вот вы представляете себе такую ситуацию: приехал к нам француз, мы пошли его встречать, и с ходу спрашиваем: а что, мол, лягушатники, за разврат вы устроили там у себя?

«Какой разврат?» — спрашивает озадаченный француз.

Мы ему: «Известно, какой. Отвечай давай, что происходит».

Француз виновато улыбается, смотрит по сторонам — может, кто знает ответ, — а мы ему: «Чего умолк?»

Нет, здесь такого быть не может. Никто не спросит с француза, с португальца, с хорвата или даже с немца ни за что.

Нет у нас ни вопросов, ни ответов.

Русский может проявить браваду, но и то — спьяну, или если раззадорят.

Иногда толпа выйдет за околицу, но, глядь, и уже обратно торопится.

В целом же Россия никуда не движется, у нас всегда XVII век, как нам сказали. Либо движется к тоталитаризму, который других отчего-то всегда пугает больше, чем нас. Либо она просто в тупике.

В общем, если все три ответа объединить, то Россия веками стоит на месте в тоталитарном тупике.

Естественно, её зовут оттуда уйти: к нам, к нам, иди к нам, на нашу лужайку, выходи из тупика, у нас тут травка, бадминтон, сейчас принесут десерт.

(Как будто Россия, по меткому замечанию философа Владимира Бибихина, «имеет только одну идею: выровняться с Западом», от которого отстала, отстала, отстала, — Россия, ты видела ведь, как чех вырвался вперёд? венгр? румын? голландец? эстонец? испанец? что значит «не видела»? присмотрись, корова!)

Но Россия никуда не спешит, пасётся, как на привязи.

Соответственно, если сама страна не движется, то и русская душа переживает многие сложности.

Она либо ещё в младенчестве, либо уже раба. Такое вот небывалое сочетание. Только родилась, но уже отупела, сникла, сдалась.

У русской души всегда есть обязанности: выйти на свет, соответствовать санитарным нормам, выучиться манерам, а если вдруг заговорила — заткнуться наконец.

Прав гораздо меньше: «едва вошла — уже наследила», «мы знаем, к чему ты клонишь» и прочее, прочее, поэтому какие ещё права, сначала научись вилку держать. Уже тысячу лет держит вилку, а всё равно не верят в то, что умеет её держать, — так и хочется этой вилкой ткнуть в кого-нибудь со зла.

Русской душе всё время предлагают зеркало, подносят к самому лицу, как будто она близорукая: полюбуйся. (Слышится при этом: полюбуйся, животное.) В зеркале какие-то корни, или кишки, чернота, сырость. Может, это вид на дерево снизу, может, портрет коровы изнутри, может, ещё что-то непотребное.

У всех есть представление о нас, одни мы о себе представления не имеем.

Когда русское пытаешься формулировать на европейский лад — оно рассыпается, поэтому философию нам всегда заменяла литература. Что такое немец — можно гениально сформулировать, немец и сам гениален; а о том, что такое русский, говорят, говорят, говорят, будто бы в бесконечном припадке, сразу сто героев Достоевского — все одновременно, все наперебой, — голова кружится, но ничего не ясно.

Наша философия — это почти всегда музыка. Русские философы писали прозу (берём с противоположных сторон по фамилии — Константин Леонтьев и Чернышевский), либо философию писали как прозу (Розанов), либо писали стихи (Вячеслав Иванов, Флоренский, Лосев), либо писали философию как стихи (Бердяев). Либо, наконец, писали и философию, и стихи, и прозу (Мережковский, Андрей Белый). Да что там: Ленин – и тот называл себя «литератор».

Может, в России не всегда нужна мысль, достаточно одного языка, если ты умеешь им сказать, пропеть на нём?

«О, Руськая земле, уже зашеломянем еси!» – разве после этих слов что-то требуется доказывать?

Русское кроется в чём-то таком, что больше человеческого (потому наша жизнь часто бесчеловечна).

«Внешний образ раба, в котором находится наш народ... не может служить возражением против её призвания, но скорее подтверждает его. Ибо та высшая сила, которую русский народ должен провести в человечество, есть сила не от мира сего», – писал философ Владимир Соловьёв.

Вы можете сказать, что в этом и кроется исток извечной русской безответственности, а мы ответим, что в этих, более ста лет назад сказанных словах Соловьёва кроется пророчество того, что русский первым шагнёт в космос: если сила его не от мира – ему за пределы мира и предназначен первый шаг.

Русский характер силён тем, чем слаба русская душа.

Русский характер безропотен – русская душа гонима, бита.

Русский характер суров, твёрд, морозоустойчив – русская душа приморожена, припорошена, медленна.

Русский характер говорит сам за себя — русская душа малословна, а то и бессловесна. Поэтому всегда присматривайтесь к тому, кто кричит, что он самый русский: русские, как правило, не кричат. Разве что «ура!», да и то, чтобы переорать смерть.

Русский характер к брани не склонен: всякой руганью у нас занимаются отдельные специально обученные, подлые люди: блатные, государственные патриоты. Русский делает своё дело молча, никого не пугая, а русская душа сама всего боится: а вдруг я корява, крива, косолапа? — лучше смолчу!

По сути своей русский характер беззлобен (иначе перебили бы ещё тысячу лет назад всю чудь и мордву вокруг, а не жили бы так, как её и нету), а душа — доверчива, оборачивается на любое тепло, хоть оно зачастую обманное.

Русский характер не склонен к покаянию, потому что русская душа всегда раскаянна. (Да и не вред помнить, что на нашем покаянии чаще всего настаивают чужие — это ли не невидаль! Мы убивали сами себя, а каяться должны перед европейцем или родства не знающим космополитом. Что за глупость! Мы готовы перед собой покаяться, но с чего нам каяться перед тобой, пришлый человек? Иди себе с Богом, не мозоль глаза, без тебя тошно... А если ты вдруг русский, так кайся тогда сам, а не проси об этом соседа.)

Русский характер готов к плохому как к родному. Русская душа не имеет интуиции — а зачем: она и так знает, что всегда будет трудно. В России всегда было мало предсказателей, только юродивые. Юродивые праздники не предсказывают. А зачем предсказывать — наши праздники мы и так помним: Христос родился; война закончилась. Вокруг них и хороводим.

И для русского характера, и для русской души Родина — высшая свобода.

Нам объявили, что свобода заключается в перенесении физического тела из точки А в точку Б. Запутали нас — и корова, наевшись дурной отравы, однажды сорвалась с привязи, побежала на лужайку за бадминтоном и десертом (пока ещё бегает, резвится, а ведь на её вопрос «где мой десерт?» могут однажды ответить: «десерт — это ты»).

Путешествие — это хорошо, любопытно, но свобода всё равно в другом. Некоторые уже догадались о том. Не догадались только бестолковые, но от них не избавишься, их надо беречь, чтоб не быть на них похожими.

Центр тяжести всегда внутри человека, а не вовне его.

Сергий Радонежский никогда не был за границей. Протопоп Аввакум не был. Александр Пушкин никогда не был за границей. Серафим Саровский не был. Зоя Космодемьянская тоже не была.

Или вы всерьёз думаете, что свободнее их?

Лев Толстой и Сергей Есенин были за границей — но бежали оттуда, сломя голову. Унесли в себе свою неизъяснимую свободу.

В той деревне, где я живу, — десять лет назад не жил почти никто: один дед, один алкоголик, один ослепший мужик с женою — в деревне слепому проще, повсюду — простор, запнуться не за что.

Вокруг лес, дороги сюда никакой, ни один трамвай не докатится, даже если заблудится.

Но в последние три года сюда, один за другим, стали возвращаться дети, выросшие тут в восьмидесятые и девяностые: ну, из поколения «свободных».

Каждый в городе нажил свой трудный рубль, посетил Европу, Азию, дальние материки. Прошло два десятилетия и – повлекло в дом.

За всю страну не скажу, а тут вижу: появились у прадедовых ветхих изб крыльцо спереди и пристрой сбоку, сняли старую крышу, покрыли новую, баньку возвели, отыскали печников – сложили новые печи в домах (газ сюда не провели, у нас чаще газифицируют, скажем, Чечню, до Чечни трубу ближе протянуть; что ж, мы всегда так делали).

В любой свободный день, во всякий выходной соседи мои съезжаются сюда, привозят детей. Развлечений тут никаких – вышел в лес, вернулся из леса. Дошёл до реки – пришёл обратно. Никакой свободы, одна природа. Но не надоедает никому. Все мечтают спрятаться здесь и никуда больше всерьёз не выезжать.

Летом тут жарко, зимой – холодно, всегда холодней, чем в городе. Сейчас, хоть и до весны рукой подать, а всё равно минус 27.

Соседи затопили печи.

Посмотрел в окно: стоят дымные столбы – придерживают небосклон.

ЛЕТУЧИЕ БУРЛАКИ И УЛЫБЧИВЫЕ ДВОРЯНЕ

Отшельник, воин, человек книжного знания, многодетный отец, бессребреник, лётчик-испытатель, монах. Такие редкие нынче типы, один их вид вызывает скучающую гримасу: ну да, бывает.

Мимо них проходят с чувством некоторого стыда: поскорей бы отвязаться, а то вдруг попросит взаймы.

«Ты заметил, у него что-то такое с лицом? — Что? — Да не знаю... Что-то такое...»

Обладатели прекрасных лиц, сногсшибательных улыбок — они другие.

У них не 32, а 44 зуба, порой встречаются особи, у которых до 76 зубов.

Когда они улыбаются — в комнате словно загорается лампа на 200 ватт.

Боги социальных сетей, короли уличной журналистики, ведущие шоу «Полезай за мной в замочную скважину» («Это не так стыдно, как тебе казалось»), предвыборные напёрсточники, сардонические молодые мужчины, придумавшие слово «совок» и слово «рашка» (никто у них никак не спросит, а что они такого придумали ещё), завсегдатаи клубов для не таких, как все (можно грубей: не для таких, как это быдло с их прокисшими на кухнях жёнами), неспешные люди со своими богами – а их боги не чета нашим, потому что придумали фейсбук, как заработать миллиард и ни с кем не поделиться, другие «модные темы».

Они могут позволить себе прожить пять лет в Индии, потом вернуться и сказать: ну что, всё копошитесь, жуки земляные?

Им, вы не представляете, в *duty free* уже скучно – что там можно купить?

У них есть свои писатели – один про чапаевские грибы, другой про великосветских сыщиков, третий про сахарных опричников.

У них есть свои причуды, которые дороже наших чудес.

Они скучают на вершине пищевой цепочки.

Любая девушка мечтает продолжить их род, но у них уже имеется жена в Лондоне, кроме того, они всё чаще размножаются почкованием. Когда им попадает в руки девушка (глаза как у ошарашенного инопланетянина, губы как летние ягоды, волосы пахнут морем, из моря за этими волосами стремятся выйти Пойседон, Одиссей, 33 богатыря, ноги не кончаются никогда, как самый увлекательный в мире сериал), – так вот, когда им попадает в руки такая девушка, они долго ворочают её с места на место – не появилось ли на ней что-то, не знаю, новое...

да нет, всё как и было... всё уже было. Скучно. Сделай мне как-нибудь вот так. Нет, всё равно скучно.

В их жизни всё уже случилось.

Это у нас не было ничего.

Вы не найдёте себя в журнале *GQ*. Вы не прочтёте о себе в журнале *Maxim*.

Чувствуете, какая между нами пропасть?

Мы разбегаемся и прыгаем, чтобы попасть туда, к ним. Падаем вниз без звука. Внизу, на самом дне, нас уже миллионы, от нас остались только кости и брызги, но мы не унываем. Может, всё-таки допрыгнем?

И-э-эх, р-раз!..

Эти летучие бурлаки ждут своего Репина.

Русский человек, сделай нам на прощанье ручкой, когда разбежишься в свой последний прыжок.

Россия – страна огромная, как самая дремучая сказка, страна, рядом с которой любое ура-патриотическое кино смотрится как глупая шутка, страна, которая стесняется своего роста на балу карликов («Смотрите, смотрите, какая уродина! Нет бы отрезала себе обе ноги – была бы похожа на нормальную!»), страна, которая начинается здесь, в темноте, и кончается под самым солнцем, – эта страна, пора признать, выбрала себе неправильную элиту.

Наша аристократия – самозванцы.

Все они сверлят этой стране грудную клетку, извлекая оттуда всякую всячину (при этом ругаются: «Какой запах от неё, чувствуешь? Как от дохлой коровы») – алмазы, уголь, кровь, нефть, печёнку, селезёнку.

Иногда кто-то окликает их: «Э, куда потащил?». «Да ладно, – отвечают. – Там ещё полно всего!»

Чтоб не цедить по чарочке, проткнули в боку у страны дыру, оттуда хлещет непрестанно – одни пьют, другие купаются, третьи наполняют и грузят бочки, четвёртые запускают в создавшейся луже свои яхты, пятые сделали там джакузи.

На одной из конечностей страны сидит китаец, или японец, так сразу и не разберёшь, улыбчиво спрашивает: я вот посюда отрежу? отрежу ведь?

Да отрежешь, отрежешь. Подожди, сейчас все лягут спать, и отрежешь. Какой нетерпеливый.

«А это что у вас такое растёт? С листьями, в коре? Можно возьму в аренду?» – спрашивает он, кто-то из них двоих.

А вот в аренду возьми прямо сейчас. В аренду – это ничего. Мы сами тут тоже на всё оформили аренду, не успеваем освоить. Летишь на самолёте и печалишься – всё стоит неосвоенное.

Теперь-то мы знаем, нам только недавно объяснили – в России всегда было нехорошо: царь в бороде, соломенные крыши, бьётся в тесной печурке огонь, Стенька Разин, огурцы солёные, капуста кислая, лёд без виски, эх, дороги, пыль да туман, холода, тревоги да степной бурьян.

Пора наводить порядок в этом бардаке, причёсывать космы, стричь когти. Возвращаться в человеческий вид.

Нам забыли сказать, что Россия тысячу лет непрестанно росла и пухла как на дрожжах, Россию сами все звали в гости и говорили: бери всё, это твоё, теперь будет наше, иногда, впрочем, не звали, но это, как Хармс писал, ничаво, это ничаво, зато Россия расползалась так, что полезла в космос, кроме того, ей было дело до всех мировых океанов и льдов – она везде запускала свои подлодки, свои самолёты, свои атомоходы, свои спутники.

На фоне России нецивилизованной – Россия цивилизованная какая-то дура в бигудях. Её сдержанно похваливают, она шмыгает носом.

Это невыносимо видеть.

В России приживаются только аскеза и труд.

Всё остальное – от лукавого.

Здесь, говорим мы, бродят, шепчут о своём, смотрят на восход отшельник, воин, человек книжного знания, многодетный отец, бессребреник, лётчик-испытатель, монах.

Здесь доблесть – воинская служба, смирение и пост.

Насилие, сказал один умный человек, земля ему пухом, происходит там, где не было вовремя совершено усилие.

Если мы совершим над собой усилие и сменим новоявленную элиту на ту, которая здесь всегда была и которой здесь место, – мы избежим насилия.

Но мы усилия не желаем.

Нам говорят: «Да ладно, хватит занудствовать, люди отдыхают, – если сам не умеешь так – не завидуй».

Я и не так умею. Мы умеем так отдыхать, что их золотые яхты, белые дороги и розовые куклы померкнут на нашем фоне. Мы умеем разжигать такие костры, через которые вы не перепрыгнете.

«Ну так отдыхай, – говорят нам. – Люди отдыхают и, кстати, не только отдыхают, но и делом заняты, платят налоги, без них вообще была бы труба. Не мешай им работать и отдыхать – они же тебе не мешают... А?»

Они мне мешают.

ИМЯ, КОТОРОЕ НАДО ЗАСЛУЖИТЬ

Поднимая такую тему, рискуешь многих обидеть. Но не молчать же теперь.

У нас что ни скажи – кому-нибудь на ботинок обязательно наступишь. Тебе самому уже на голову залезли с ногами, а ты всё равно помалкивай, а то оскорбишь чьи-нибудь чувства.

О наших чувствах кто-нибудь подумал?

Так что усаживайтесь поудобнее на нашей голове, сейчас поведём речь о трудных вещах.

В наших краях водится одна невидаль, имя которой – имперский человек.

Он сам, может, и не знал никогда о том, что относится к подобному виду, но это ничего не меняет.

Традиционно считается, что имперский человек – существо недоброе, мрачное, тяжеловесное, мешающее всем жить.

Другое дело — житель «нормальных стран», европейских, в нынешнем их виде. Там, как нам недавно объяснили, — веротерпимость, толерантность, права, цивилизация.

Так и есть, никто не спорит.

(Самим дороже обойдётся — спорить.)

Но несколько замечаний, никому ни в ущерб, мы всё-таки попробуем сделать.

Если империя существует хоть сколько-нибудь продолжительное время — она должна проявлять чудеса веротерпимости, спокойствия и просто необычайной толерантности, даже если самого́ этого слова не знает вовсе.

Названия болезням (или лекарствам) придумывают те, кто заболели сами.

Если в России никогда не существовало слова «толерантность» — это не значит, что не было её самой.

Если кто-то слишком много говорит о толерантности, есть смысл заглянуть ему в личное дело. Или в историю болезни.

Сам факт долгосрочного существования империи — наилучшее доказательство того, что на соседа тут издавна смотрят спокойно: живёт и живёт.

Да, всякое бывало, но мы всё-таки будем говорить в целом, не размениваясь на частности. Знаю, что на каждое моё слово у кого-то найдётся в запасе история: «...а вот у меня сосед», или «...знаем мы, какие вы соседи». Но, чтобы не увязнуть в подробностях и договорить до конца, нам придётся обобщать.

Даже в Древней Руси попавшего в плен чужака не делали рабом навечно, но, согласно удивлённому свидетельству Маврикия, после определённого времени предлагали ему убраться за выкуп восвояси или «остаться на положении свободных и друзей»!

Русскому человеку издавна льстит, что нерусский человек работает с ним, в общей нашей стране, делит его славу и его горести.

Листал вчера детскую энциклопедию географических открытий (сыну подарили на день рождения), снова испытывал это чувство. Беллинсгаузен Фаддей? Наш, русский, первооткрыватель! (Остзейский немец родом из Эстонии.) Беринг Витус? Наш, русский, первооткрыватель! (Датчанин.) Да и Ермак тоже – много вы знаете русских людей по имени Ермак?

«Я русский! Какой восторг!» – говорил гениальный полководец Александр Суворов.

Какое счастье, что этот восторг может быть заразительным.

Немного эфиоп Пушкин, чуть-чуть шотландец Лермонтов, полутурок Жуковский, отчасти немцы Блок и Брюсов – да ради бога. Это не показатель того, что русские сами ничего не умеют, а показатель того, что русским быть заразительно. Багратион, Брюллов, Гоголь, Рокоссовский и сотни сотен других – тому порукой.

Но если наши, выходцы из России, составили едва ли не четверть создателей и легенд Голливуда – нам тоже не жалко, берите. У нас ещё много.

Все желающие войти в нашу цивилизацию – входите и располагайтесь, все желающие выйти – давай, до свидания.

Вы скажете, у всех так? Полноте вам.

К большинству народов на земле не пожелал причислить себя ни один шотландец, поляк или грузин.

Потому что они – не имперские народы.

Очень серьёзная часть народов чуть что самозабвенно перечисляет своих соотечественников (отчего-то, например, писавших на русском языке или воевавших за Россию) и тащит их в собственные святцы вопреки здравому смыслу.

Это тоже не имперские народы, хотя и рачительные.

Есть страны, где чужой никогда не станет своим; самый лёгкий пример – Япония. Великая страна, мы все это понимаем. Гениальный народ, во многом нам – не чета. Но с толерантностью даже в европейском понимании там как-то не очень. Вместе с тем Япония всегда хотела быть империей. Однако с таким подходом, знаете ли, далеко с островов не уедешь...

С недавних пор мы с вами познали множество других примеров: у нас под боком целый рассадник суверенных, на века или временно отделившихся стран, где того же самого русского человека на порог не пустят в качестве весомой или даже почти невесомой административной единицы. «Мы сами, мы сами». Ну, давайте сами – ваше право.

Просто и такие народы тоже империй не строят.

Это не хорошо и не плохо, тоже мне достоинство – строить империю! Забор вон лучше постройте... Это просто такая черта характера, особенность физиологии, которая у кого-то имеет место быть, а у кого-то – нет.

Выпивал как-то за одним кавказским столом с представителями ряда местных народов. В определённый момент один из уважаемых людей встал и поднял тост примерно следующего содержания: Бог знает, что делает, – имперским народом становится самый добрый народ, а вот если бы мой народ и лично я стал бы имперским народом сегодня, и вся сила бы разом оказалась в моих руках, то завтра же я бы перерезал всех, кто собрался за этим столом.

Кавказ – сложная штука, в том смысле, что говорить там могут одно, а думать при этом чуть иначе, но сказал он всё-таки именно так, как сказал, и весь стол радостно и гортанно захохотал; и я, в том числе, тоже посмеялся, потому что тост, в конечном итоге, был за меня.

Имперский человек не жаден – у него всего полно.

По этой причине он порой неряшлив. Кинул пустую бутылку – её ветром укатило до Урала, там где-нибудь потеряется. Сносил лапоть – выбросил в окно, там всё равно бурьян начинается, который под Архангельском сходит на нет, мало ли там других лаптей лежит.

Хоть вы зубы сточите, доказывая, какой ленивый и грязный русский человек, – но езжайте в деревню поволжских немцев, и увидите там тех же русских людей: их русская природа перемолола, и переодела в телогрейки, и подарила суровый и чуть лукавый взгляд, и ещё бодрый матерок, и ещё покосившуюся калитку.

...не жаден имперский человек в первую очередь до своей жизни – ибо что его маленькая жизнь стоит на этих огромных просторах.

Европеец понимает, что его мало, и если он не сбережёт свою жизнь, чтоб на его малой земле осталось кому быть, то земля его опустеет. Тем более они там бок о бок живут и все друг друга знают. «Меня убьют, Ганса погубят, Христиана порешат, Андерсена завалят – кто останется тогда?»

Имперский человек, поселившийся в Евразии, уверен, что тут ещё кто-нибудь есть, кроме него, даже если никого уже нет. Как же нет — когда тут столько места, наверняка кто-нибудь должен быть!

Русскому человеку иной раз никого не жалко, но в конечном итоге спасает и даже отчасти оправдывает его лишь то, что в первую очередь ему до самого себя дела вообще нет.

Последние времена мы часто рассуждаем о «безусловной ценности человеческой жизни» там, в Европе, и здесь, у нас, но мне куда более важным кажется неведомое там понятие «смешная ценность собственной жизни».

Пока там воспитывали чувство неизмеримой ценности существования каждого человеческого индивида, здесь — не государством! не опричниками! не басманным судом! а самой природой, чувством огромного воздуха и нетронутого простора, — воспитывалось чувство, что жизнь — моя собственная жизнь — стоит чуть дешевле ломаного гроша, поэтому — чёрт бы с ней.

Кажется, сейчас начались обратные процессы — мы на глазах дорожаем, ценность наша, непонятно, правда, за счёт чего, прёт как на дрожжах, каждый из нас весит как воз с серебром, вместе с лошадью, которая этот воз тащит, и быком, который к возу привязан.

Да что мы сами — наши желания сегодня весят больше, чем в иные времена весили целые деревни со всеми их жителями.

Но мы сегодняшнего человека, особенно горожанина, особенно обитателя мегаполиса, не обсуждаем, а то уйдём от темы далеко и не вернёмся уже.

...русского человека — читай, имперского, — воспитали и создали дикие пространства и недосягаемость горизонта.

Только невозможность послать вестового из Петербурга на Аляску заставила нас от Аляски отказаться. Но вообще, я серьёзно говорю, вы вспомните, чем была Россия в XIX веке – и чем, скажем, Канада. Если б мы из Аляски двинулись дальше – Россия могла бы заканчиваться под Нью-Йорком. Или возле Никарагуа.

Может быть, даже хорошо, что этого не случилось: империя должна жить кучно, желательно на общей суше, а то получатся Испания с Португалией.

Мы – несмотря на то, что заселяем самую большую территорию от края и до края, – живём кучно и пребываем друг с другом в прямом родстве. Люди в Архангельске и люди в Астрахани, люди в Брянске и люди в Южно-Сахалинске – похожи как братья. Они и есть братья.

Немцы на разных концах Германии, итальянцы на разных сторонах Италии и испанцы в разных областях Испании различаются куда сильнее.

Имперская идентичность – есть, именно о ней мы и говорим.

...несвобода русского человека – блеф.

Европейский человек научился жить под присмотром царя и с царём договариваться о своих правах. А русский человек научился жить без царя в голове.

По мне, так это поважнее будет.

Европейский человек знает, как, где и на что он имеет право, но царь у него поселён в мозгу раз и навсегда. Русский человек знает, что он ни на что права не имеет, и подчиняется, когда ему велят пойти туда-то и принести то-то, но голова-то, голова – свободна. В голове – ветер, среднерусская возвышенность, степь, Сибирь, Камчатка, Сахалин, евразийский сквозняк, хрустальный мороз...

Жестокость русского человека – тоже тот ещё миф. На территории Европы жили десятки славянских племён – большинство из них истребили поголовно. На территории России – кто жил, тот и живёт, никто не затерялся. В одном Приволжском округе – сто народностей.

А Россия ведь может перевернуться на другой бок, свалить целую страну в море и не заметить. Или три страны сразу.

Но ведь бережно переворачивалась всегда. Любой цыплок мог зимовать в этой берлоге – и ничего с ним не случалось.

Есть ли другие имперские народы? Конечно. В конечном итоге они и определяют жизнь цивилизации.

Кому-то это не нравится? Ещё бы, даже нам самим не нравится.

Но если не будет их – всегда найдутся другие имперские народы, и у вас тогда будет возможность сравнить, что лучше. Думаю, кто жил в Орде, а оттуда перебрался в Московское царство, такую возможность имел; жаль, не рассказал о своих впечатлениях.

Кто-то скажет: американцы – имперский народ. Безусловно, да – и мы не шутим. С тех пор как они загнали своих индейцев куда Макар телят не гонял и прекратили линчевать кого ни попадя, янки достигли необычайных высот в сложном деле имперского строительства. Об индейцах они теперь заботятся так, как и о себе не заботятся, а президент у них сегодня сами знаете кто.

Другой вопрос, что и Америка с самого начала была плавильным котлом, и говорить об имперском народе там чуть сложнее. Но то, что США – империя, очевидно; и я вовсе не уверен, что этой стране будет лучше, если она распадётся на сто сорок других маленьких стран.

Есть другой пример, более весомый: китайцы. Это для нас они на одно лицо, а у них там 56 национальностей под одной крышей собрались.

Настоящим китайцем, правда, в силу объективных причин белому человеку стать очень сложно. Однако есть вещи, которые с нынешними китайцами прошлых русских очень роднят.

Например, отсутствие страданий по поводу своей личности. Неосознанное – и вместе с тем неотъемлемое – знание о том, что в масштабах истории своего народа, сам по себе ты – меньше, чем единица, – зато в цепи столетий, а то и тысячелетий – ты носитель такого метафизического запаса, что этой гордости тебе хватает с лихвой для самоуважения.

Станем ли мы лучше, если растеряем все эти качества – щедрость, бесстрашие, веротерпимость, ощущение собственной малости пред могуществом тех волн бесподобной национальной истории, что бережно перенесли нас в наши времена?

Станем ли мы симпатичнее, если наша жестикуляция будет скромней, а горизонты ближе, а сердце тише?

Может, мы и станем лучше, когда такое случится, – только это будем уже не мы.

И для нас нужно будет придумать другое имя. Прежнее на нас будет смотреться смешно: оно явно окажется нам велико.

Оно и сейчас нам уже великовато.

ПИСЬМО ТОВАРИЩУ СТАЛИНУ

Социализм был выстроен.
Поселим в нём людей.
Борис Слуцкий

Мы поселились в твоём социализме.
Мы распилили и поделили страну, созданную тобой. Мы заработали миллионы на заводах, построенных твоими рабами и твоими учёными. Мы обанкротили возведённые тобой предприятия и увели полученные деньги за кордон, где возвели себе дворцы. Тысячи настоящих, в золоте и мраморе дворцов. У тебя никогда не было такой дачи, оспяной урод.

Мы продали заложенные тобой ледоходы и атомоходы и купили себе яхты. Это, кстати, вовсе не метафора, это факт нашей биографии.

Поэтому твоё имя зудит и чешется у нас внутри, нам хочется, чтоб тебя никогда не было.

Ты сохранил жизнь нашей породе. Если бы не ты, часть наших дедов и прадедов принудили б кланяться в ноги нацистам, а остальных заморили бы в газовых камерах, аккуратно расставленных от Бреста до Владивостока. Ты положил в семь слоёв взращённых тобой советских людей, чтоб спасти нас.

Когда мы говорим о себе, что мы тоже воевали, мы отдаём себе отчёт, что воевали мы только в России и с Россией. Во Франции, в Польше, в Норвегии, в Чехословакии, в Румынии и далее везде у нас не получилось так хорошо воевать, там нас победили и растоптали. Получилось только в России, где мы обрели спасение под твоим гадким крылом.

Мы не желаем быть благодарными тебе за свою жизнь и жизнь своего рода, усатая сука.

Но втайне мы знаем: если б не было тебя – не было бы нас.

Это обычный закон человеческого бытия: никто не желает быть кому-то долго благодарным. Это утомляет! Любого человека раздражает и мучит, если он кому-то обязан. Мы хотим быть всем обязанными только себе – своим талантам, своему мужеству, своему интеллекту, своей силе.

Тем более мы не любим тех, кому должны большую сумму денег, которую не в состоянии вернуть. Или не хотим вернуть.

Поэтому мы желаем обставить дело так, что мы как бы и не брали у тебя взаймы, а заработали сами, или получили наследство, или нам кто-то принёс в подарок сто кг крупных купюр, или они валялись никому не нужные – да! прекрасно! валялись никому не нужные! и мы их просто подобрали – так что отстань, отстань, не стой перед глазами, сгинь, гадина.

Чтоб избавиться от тебя, мы придумываем всё новые и новые истории в жанре шулерства и мухлежа, в жанре тупого вранья, в жанре восхитительной и подлой демагогии.

Мы говорим – и тут редкий случай, когда мы говорим почти правду, – что ты не жалел и периодически истреблял наш русский народ и другие наши народы, жившие одной семьёй с русскими. Мы традиционно увеличиваем количество жертв в десятки и даже сотни раз, но это детали. Главное, мы умалчиваем о том, что самим нам нисколько не дорог ни этот русский народ, ни его интеллигенция. В сегодняшнем семимильном, непрестанном исчезновении населения страны и народной аристократии мы неустанно и самозабвенно виним – какой очаровательный парадокс! – тебя! Это ведь не мы убили русскую деревню и русскую науку, не мы низвели русскую интеллигенцию на уровень босяков и бастардов – это, не смейся, всё ты. Ты! Умерший шестьдесят лет назад! А мы вообще ни при чём. Когда мы сюда пришли – всё уже сломалось и сгибло. Свои миллиарды мы заработали сами, своим трудом, на пустом месте! Клянёмся нашей мамой.

В крайнем случае в отмирании русского этноса мы видим объективный процесс. Это ведь при тебе людей убивали, а при нас они умирают сами. Ты даже не успевал их так много убивать, как быстро они умирают сегодня по собственной воле. Объективность, не так ли?

Ещё мы уверенно говорим, что Победа состоялась вопреки тебе.

Правда, немного странно, но с тех пор в России почему-то ничего не получается вопреки. Например, она никак не становится разумной и сильной державой ни вопреки, ни даже благодаря нам и нашей созидательной деятельности. Опять парадокс, чёрт возьми.

Мы говорим, что ты сам хотел развязать войну, хотя так и не нашли ни одного документа, доказывающего это.

Мы говорим, что ты убил всех красных офицеров, и порой даже возводим убиенных тобой военспецов на пьедестал, а тех, кого ты не убил, мы ненавидим и затаптываем. Ты убил Тухачевского и Блюхера, но оставил Ворошилова и Будённого. Поэтому последние два — бездари и ублюдки. Если б случилось наоборот и в живых оставили Тухачевского и Блюхера, то бездарями и ублюдками оказались бы они.

Как бы то ни было, мы твёрдо знаем, что ты обезглавил армию и науку. То, что при тебе мы вопреки тебе имели армию и науку, а при нас не разглядеть ни того, ни другого, не отменяет нашей уверенности.

Мы говорим, что накануне ужасной войны ты не захотел договориться с «западными демократиями», притом что одни «западные демократии», как мы втайне знаем, сами прекрасно договаривались с Гитлером, а другие западные, а также отдельные восточные демократии исповедовали фашизм и строили фашистские государства. Мало того, одновременно финансовые круги неземным светом осиянных Соединённых Штатов Америки вкладывали в Гитлера и его поганое будущее огромные средства.

Мы простили всё и всем, мы не простили только тебя.

Тебя ненавидели и «западные демократии», и «западные автократии», и эти самые финансовые круги, и ненавидят до сих пор, потому что помнят, с кем имели когда-то дело.

Они имели дело с чем-то, по всем показателям противоположным нам. Ты — иная точка отсчёта.

Ты другой полюс. Ты носитель программы, которую никогда не вместит наше сознание.

Ты стоял во главе страны, победившей в самой страшной войне за всю историю человечества.

Ненависть к тебе соразмерна только твоим делам.

Ненавидят тех, кто делает. К тем, кто ничего не делает, нет никаких претензий. Напомнить, чем занимались главы Польши, Франции, Норвегии, едва началась война?

Они не отдавали приказ «Ни шагу назад!». Они не вводили заградотряды, чтобы «спасти свою власть» (именно так мы, альтруисты и бессребреники, любим говорить о тебе), — потому что, если б они ввели заградотряды — их бы убили первыми. Они не бросали полки и дивизии под пули и снаряды, не заливали кровью поля во имя малой высотки. Они не заставляли работать подростков на военных заводах, они не вводили зверские санкции за опоздание на работу. Нет! Их граждане всего лишь спокойно и ответственно трудились на гитлеровскую Германию. Какие к ним могут быть претензии? Претензии всего мира обращены к тебе.

При тебе были заложены основы покорения космоса — если б ты прожил чуть дольше, космический полёт случился бы при тебе — и это было бы совсем невыносимо. Представляешь? — царь, усатый цезарь, перекроивший весь мир и выпустивший человека, как птенца, за пределы планеты — из своей вечно дымящей трубки!

О, если б ты прожил ещё полвека — никто б не разменял великую космическую одиссею на айподы и компьютерные игры.

Да, к тому же при тебе создали атомную бомбу — что спасло мир от ядерной войны, а русские города — от американских ядерных ударов, когда вместо Питера была бы тёплая и фосфоресцирующая Хиросима, а вместо Киева — облачный и мирный Нагасаки. И это было бы торжеством демократии, столь дорогой нам.

Ты сделал Россию тем, чем она не была никогда, — самой сильной страной на земном шаре. Ни одна империя за всю историю человечества никогда не была сильна так, как Россия при тебе.

Кому всё это может понравиться?

Мы очень стараемся и никак не сумеем растратить и пустить по ветру твоё наследство, твоё имя, заменить светлую память о твоих делах — чёрной памятью о твоих преступлениях.

Мы всем обязаны тебе. Будь ты проклят.

Российская либеральная общественность

ПОЧЕМУ Я НЕ ЛИБЕРАЛ

Либералом быть легко: везде свои.

Либералом быть хорошо: он и сам за всё хорошее.

Либерал не любит мрачное, суровое, марширующее. Горн, барабан, дробь. Картечь, государеву службу, «Катюшу». Марфушу, крестьян сиволапых, берёзки. Почву, кровь.

Во всём этом либерал задыхается.

Во всём этом душно, как в гробу.

Он кривляется не от злобы, а от муки: ему и правда невыносимо. Вокруг него всё время как бы настраивается оркестр, только вместо струнных и духовых — танковые дула, берёзовые полешки, строчка из Есенина, русское самодовольство, щи кипят и пахнут.

Россия со всем её барахлом — куда она годна? Избы, заборы, Байконур за пограничным столбом. Привычка чесаться всеми когтями, дружить с сатрапами, тосковать по тиранам. Советская литература, попы на джипах.

В нашем скудном понимании хороший русский человек — он как дерево. Деревья не умеют ходить. Вцепились в свою землю как мертвецы. В голове — воронье гнездо. Ждут лесника, но, кажется, приближаются браконьеры.

Либерал уверен, что наступили иные времена, и в эти времена войдут только избранные. Те, кто не потащит за собой хоругви, телеги со скарбом, почву, ворóн в голове.

То есть только он — либерал — войдёт в новое время. Как бы голый. Другим он тоже предлагает раздеться: оставьте всё, пойдёмте за мной голые, без вашей сохи, атомной бомбы, имперских комплексов.

И вот ты оставил всё, пошёл голый, прикрываешь срам, двух рук мало: срам повсюду, ты сам по себе — сплошной стыд и срам. Сморгнул глазами — и вдруг выясняется, что тебя обманули. Он-то одет, наш новый друг! Он-то вовсе не голый, но, напротив, наряжен, заряжен, поводит антеннами, настраивает локаторы, сканирует, всё сечёт.

У него, загибаем пальцы, хартия о правах. У него экономическая целесообразность. За ним — силы добра. У него честные глаза, неплохой английский. И даже русский лучше вашего — а вы и родным-то языком владеть не умеете, лапти. «Вот смотрите, как надо» (наш друг замысловато делает языком, мы внимаем, зачарованные).

Он всего добился сам, это только мы взяли взаймы, отняли, украли. Это у нас история рабства, пыток, кнута, а у него, представьте, есть своё собственное прошлое, память о нём, боль. У нас пепла, который стучит в наше сердце, – нет, а у него есть, и его пепел более пепельный. Наш мы уже развеяли, а его пепел остался – и лишь о нём имеет смысл вести речь. Говорить про наш пепел – оскорбительно, в этом определённо есть что-то экстремистское.

Его история мира всегда начинается с «европейского выбора». Пока нет «европейского выбора» – вообще никакой истории нет, одни половецкие пляски и соловецкие казни.

«Европейский выбор» – это как десерт в хорошем доме с высокими ступенями и просторной гостиной без мух. К десерту норовят дотянуться грязные крестьянские дети – руки в навозе, ногти не стрижены, загибаются, как у Бабы-Яги, сопли засохли на щеках, трусов под портами нет: это мы.

Ну-ка быстро идите оттирать сопли, причёсываться, отмывать своё национальное превосходство, гой ты Русь свою святую, хаты в ризах образа, гагаринскую улыбку, звёздочки на фюзеляже. Иначе не будет вам мороженого с ванилью, шоколадного штруделя, так и будете грязным скотом, как последнюю тысячу лет.

То, что для хорошего русского человека в его убогом ценностном мире «европейские ценности» стоят на сорок шестом месте, сразу после картошки в мундире и сметаны с луком, означает, что он вообще не человек.

Быть может, он рогатина. Им можно пойти на медведя.

«...началось, – протянет либерал, – опять про медведя. Кто вас хочет завоевать, прекратите. Кому вы нужны вообще?»

Мы никому не нужны, да. Но чего ты здесь делаешь тогда? Может, мы тебе нужны? Или, с чего-то вдруг, должны?

Ничего, что мы на «ты»?

Ты ведь с нами с первого дня на «ты», и ничего, терпим, слушаем.

Россия построена ровно затем, чтоб пришёл либерал и сказал, что с ней делать. Он правда так думает. Это как будто стоит корова, а внутри коровы живёт какое-нибудь живое существо много меньше размером, отчего-то уверенное, что оно наездник и сейчас поскачет на корове верхом.

Оно рассказывает корове, что внутри у неё сыро и неприятно, никакой цивилизации.

Либерала нисколько не смущает, что в целом русская светская культура либерала не любит. Русскую светскую культуру тоже можно приватизировать, взять на вооружение то, что нужно, остальное не замечать.

Автора текста «Клеветникам России» в фейсбуке затоптали бы. Гоголя слили бы. Лескова засмеяли бы. Толстого, с его «русским мужиком», на которого он так хотел быть похожим, тихо обходили бы стороной: чудит.

Либералы странным образом возводят свою генеалогию к Чехову, иной раз Акунин посмотрит на себя в зеркало — и видит Антона Павловича, но и представить страшно, как Антона Павловича воротило бы от нынешних его «наследников».

Спасибо Чехову, он умер.

Спасибо Блоку, он умер.

Спасибо классикам, их нет.

Теперь мы точно знаем, что «Бесы» — это про большевиков, а не про либералов, и вообще Достоевского мы любим не за это (а за что?).

Либералы так уютно себя чувствуют во главе русской культуры, что в этом есть нечто завораживающее. Собрали в кучу чужие буквы, построили свою азбуку, свою мораль, своё бытие.

Теперь люди смотрят на знакомые буквы, читают, вникают — всё вроде то же самое, что у Пушкина, а смысл противоположный. Как же так?

Попробуйте набрать из этого букваря «Клеветникам России», получится абракадабра. «Каклемтивен Сироси». Лекарство, что ли, такое?

...находятся во главе, а считают, что им нет места.

Нет места, но при этом они повсюду.

Либерал сначала сказал, что он интеллигенция, а всю не-либеральную интеллигенцию объявил «свиным рылом». Потом заявил, что он «тоже народ». Подумал, и добавил, что он и есть народ. Остальные уволены.

Либерал наверняка думает, что он — оппозиция, но он — власть. Власть может думать о себе всё что угодно, но она тоже либерал. Одни шарлатаны делают вид, что хотят завоевать свободу, другие шарлатаны делают вид, что её отнимают. Чем заняты в этот момент их руки, никто никак не поймёт. Но если схватить либерала за локоть — выяснится, что это локоть манекена, а настоящая рука у вас в кармане.

Либералам вечно затыкают рот, но слышно только их. Если кто и затыкает кому рот, так это один либерал затыкает другому.

Но слышно даже, как они брезгливо молчат.

Выросло целое поколение детей, которое уверено, что Россия — это глобальный косяк. В том смысле, что она всю свою историю косячит. Хотя, в принципе, её можно и скурить.

Это либерал, наш любезный гуманист, сам уверен и других приучил, что мы умнее всего нашего прошлого. Мы! — которые, по сути, умеем быть только мародёрами.

Отныне мы в курсе, что ветеран — это старая и глупая обезьяна в медалях, тем более что и медали — не его. Что счастья не будет, пока не вымрет «совок», а совок — это всякий, кто не либерал. Что сто лет мы занимались всяким кровавым бредом, в то время как делом надо было заниматься, делом.

Посмотрите, как всё ладится в руках у либерала. Как у напёрсточника.

Либералы хотели вырастить нам человека, который взыскует правды, а вырастили человека, который знает, что всё — ложь.

Хотели вырастить человека, который рефлексирует и сомневается, а вырастили толпу, которая куда более внушаема, чем толпа эпохи позднего тоталитаризма. А то и раннего.

Как давно и верно заметили, в те трупным ядом пропитанные времена люди говорили неправду и блажь, зная, что говорят неправду и блажь, а либерализм добился того, что ныне человек, говоря неправду и блажь, уверен, что говорит правду. Ибо он — в тренде!

Тренд — это вам не генеральная линия партии, это серьёзная штука, выжигает мозг как напалм.

Уже говорил и повторю снова, что мечтал о мире, описанном в книгах ранних Стругацких. Но нас, чтоб мы не угодили в книги поздних Стругацких, увели туда, о чём никакие Стругацкие не догадывались.

В нашем новом либеральном мире нет идеализма, самоотречения и мужества — но есть ставка на субъективизм и самоценность индивида со всеми его странностями, а также мужеложество, зачем-то возведённое в идеологию сопротивления и свободы.

Вместо ставки на преодоление человеческого в себе получили право пестовать в себе всё самое скудное, низменное и подлое.

Каждый имеет право на всё, и только мрачное большинство должно заткнуться и молчать, а то ему не достанется десерта.

...грязные, корявые дети, утритесь: ваш десерт уже съели.

Идите по своим избам.

Не слушайте чужих сказок. Вспоминайте свои.

ВНУК ЗА БАБКУ, БАБКА ЗА ДЕДКУ, ДЕДКА ЗА РЕПКУ

Репка проросла в русскую преисподнюю

Прочитал тут в Живом Журнале одного очень хорошего, умного и одарённого литератора заметку, хочу с вами поделиться ею.

Он пишет:

«*Всё-таки самая страшная судьба оказалась в итоге у коротко живших в России, а потом в Советском Союзе женщин и мужчин из поколения моих бабушки и дедушки.*

Родившиеся на переломе 1900–1910-х годов, они толком не почувствовали обыкновенной, нормальной жизни (Первая мировая) и с детства погрузились в коммунистический ад – циничные двадцатые, отвратительные тридцатые, война (на которой многие из них погибли), гадкие сороковые, смерть усатого таракана, шумливые шестидесятые и мёртвые семидесятые – первая половина восьмидесятых. Потом перестройка, когда наши родители жадно читали, смотрели, ездили, а дедушкам и бабушкам было уже не до того, им и в это время приходилось трудно – из-за возраста и общего перелома в судьбе страны; а до короткого ельцинского глотка свободы почти никто из них уже и не дожил. Была, конечно, у каждого из них личная судьба, у кого получше, у кого похуже, но как поколение все они всю жизнь говорили, шептали на разные лады, перекатывали во рту одно и то же заклинание: "Лишь бы не было войны...".

Бедные, прекрасные, погубленные люди...»

Признаться, я был тронут, прочитав.

Вместе с тем мне было бы предпочтительнее услышать всё это из уст самой бабушки, а не судить о судьбе целого поколения, следуя интерпретации её внука. Есть некоторые основания допустить, что интерпретация эта несколько вольная и даже слегка ангажированная.

Потому что, для начала, никакой сложности нет в том, чтоб созданную им картину расширить и продолжить.

К примеру, так.

Берём на этот раз век XIX.

И, обмакнув перо, щедро рисуем.

«Всё-таки самая страшная судьба оказалась в итоге у живших в России женщин и мужчин из поколения моих бабушки и дедушки.

Появление их на свет ознаменовалось убийством Павла, что дало сумрачный и подлый отсвет всему веку.

Детство их пришлось на те годы, когда полуголодная и рабская Россия вела одновременно Русско-персидскую, Русско-шведскую и Русско-турецкую войны, где без счёта гибли их отцы в качестве "пушечного мяса".

А следом случилось нашествие Наполеона.

Надежды на послабление власти после чудесного избавления от супостата оказались ложными.

В двадцатые они вышли в люди и в жизнь – именно тогда было положено начало глупой и бесконечной Кавказской войне, на которой погибли тысячи и тысячи из них.

Но мы помним ещё и позор российской монархии – избиение "декабристов". И реакцию. И смерть великих поэтов. И подавление венгерского восстания в 1849-м.

И ужасные пятидесятые, обернувшиеся очередным позором российской монархии – поражением в Крымской войне, показавшей нашу многовековую и подлую отсталость.

И бессовестные шестидесятые с их лживым освобождением крестьян и вешателем Муравьёвым в Польше, и очередную Русско-турецкую в семидесятые – потому что эти сатрапы никак не могли навоеваться, – а поколение всё гибло и гибло, и лишь единицы доживали до седин.

Потом кризисные восьмидесятые переползли в голодные девяностые, и всё закончилось Ходынкой – апофеозом великосветского скотства.

Была, конечно, у каждого из них личная судьба, у кого получше, у кого похуже, но как поколение все они всю жизнь говорили, шептали на разные лады, перекатывали во рту одно и то же заклинание: "Лишь бы не было войны...".

Бедные, прекрасные, погубленные люди...»

Не нравится? А чем хуже-то? Столь же убедительная и эпохальная картина.

Или давайте ещё один век разменяем на пару пронзительных абзацев.

Век XVIII.

Зачин прежний.

«Всё-таки самая страшная судьба оказалась в итоге у живших в России женщин и мужчин из поколения моих бабушки и дедушки.

Век начался вместе с Северной войной, которая продлилась двадцать один год!

Но куда страшнее войны пожирал своих собственных холопов антихрист с кошачьей головой, уполовинивший народ, на чьих невинных костях он возводил свои глупые прожекты, лопнувшие, едва этот сумасшедший маньяк окочурился.

Следом — бироновщина, засилье чужеземцев, кошмарное воровство, никем не слышимый вой народный, дворцовые перевороты, увенчавшиеся непросвещённым абсолютизмом развратной немки, усевшейся на русский трон.

В бесстыдные шестидесятые началась Русско-турецкая, в позорные семидесятые пошли разделы Польши, а бесконечная Русско-турецкая перешла прямо в пугачёвщину, на которую, полюбуйтесь, приехал посмотреть Суворов — всякому русскому генералу никогда не было разницы: что турки, что свои же православные.

И едва окончилась пугачёвщина — затеялась ещё одна Русско-турецкая на пять лет, и в те же годы бедная Россия, по мановению жадной и развратной немки, начала спиваться от бессилия и ужаса.

Была, конечно, у каждого из наших стариков личная судьба, у кого получше, у кого похуже, но как поколение все они всю жизнь говорили, шептали на разные лады, перекатывали во рту одно и то же заклинание: “Лишь бы не было войны...”.

Бедные, прекрасные, погубленные люди...»

Как вам? Тоже, как нам кажется, выглядит достаточно мрачно.

Давайте уж и XVII век возьмём, а то в охотку пошло.

Итак.

«Всё-таки самая страшная судьба оказалась в итоге у живших на Руси женщин и мужчин из поколения моих бабушки и дедушки.

Век начался с того, что Русь — обессилевшая и обесчещенная — едва не умерла.

Пустопорожний Годунов. Лжедмитрий Первый, лживый Шуйский, тать и предатель Болотников, Лжедмитрий Второй, Семибоярщина — и всё это плясало свои танцы на голове русского человека. Ад! То был ад!

Муторные десятые, когда Русь ещё не выползла из вчерашнего своего разора, а полякам уже проиграли Смоленскую, Черниговскую и Северские земли, погорелые двадцатые, очередная польская война — а то им было мало этих войн! — в тридцатые.

Ужасное Соборное уложение 1649-го — то самое, что подтвердило русское рабство, и пошло-поехало: в 1650-м крестьянам запретили торговую и ремесленную деятельность, и то Медный бунт, то Соляной, восстание то в Пскове, то в Новгороде, то русско-шведская, то раскол — разрубивший русскую историю и самое сердце народное надвое, то Разин, то Разина на кол, и всё вешали и жгли русских людей, вешали и жгли — своих же, православных, наших бабушек и дедушек.

Мёртвые семидесятые, суетливые восьмидесятые, и в завершение всего этого — позорные Азовские походы, показавшие всему миру, кто мы и какая нам цена.

Но за что всё это нужно было терпеть старикам?

Была, конечно, у каждого из них личная судьба, у кого получше, у кого похуже, но как поколение все они всю жизнь говорили, шептали на разные лады, перекатывали во рту одно и то же заклинание: "Лишь бы не было войны...".

Бедные, прекрасные, погубленные люди...»

Можно подобным образом продолжать и далее, уходя всё надёжнее вглубь веков.

Но ходить так далеко не обязательно, вывод-то всё равно один: а не пошла бы эта Россия к чертям со всем своим многовековым безобразием.

Лучше б все наши бабушки были, к примеру, жителями Швейцарии.

Да?

Или нет?

Потому что я не понимаю, что это за жалость такая, когда надо во имя своей жалости целое столетие спустить в выгребную яму!

Вы думаете, мне не жалко? Мне – жалко всех своих стариков, я сам могу про каждого тут написать по сто сорок страниц своего ужаса и своей боли.

Но так-то – зачем?

Это ж не ребёнка с водой выплеснуть, а весь русский мир, карабкавшийся из столетия в столетие.

...Хотя мы утрируем, конечно.

Всё чуть проще, и не стоит подозревать того, о ком говорим, и всех ему подобных, в неприятии российской истории вообще.

Ненависть нашей прогрессивной общественности фокусируется исключительно на советском периоде. Всё остальное воспринимается куда более спокойно. Ну, что-то там было и при Екатерине, и при Петре, и при Гришке Отрепьеве. Было и было, и быльём поросло.

А тут – нет, тут – иное.

Ненависть к советскому проекту – биологическая, невыносимая, цепляющаяся как репейник за каждое слово, за любой жест, за всякий юбилей, за самую невинную дату. О, только бы ещё раз выкрикнуть: позорная! гадкая! циничная! отвратительная!

...А потом тихо добавить про «глоток свободы».

Вы заметили, да? Это ж самое удивительное в этом тексте!

В начале XX века, пишет автор, наши предки не успели отведать «обыкновенной, нормальной жизни...»

Прямо пастораль какая-то сразу рисуется, даром что страну тогда очень больно потряхивало, крестьяне традиционно недоедали, а то и голодали, и дети мёрли сотнями тысяч, о чём написаны тонны мемуарной и исследовательской литературы, а ещё интеллигенция дружно ненавидела царщину, а ещё в «обыкновенном и нормальном» 1905-м началась революция: с чего бы вдруг?..

Но это всё ничего, всё это простительно – да вот настал большевистский ад (автор, напомним, так и пишет: «Ад»).

На фоне адского кошмара даже советские, радостью осиянные шестидесятые оказались, в авторской интерпретации, «шумливыми», а тишайшие семидесятые, позволившие старикам пожить в своё удовольствие и вздохнуть, – «мёртвыми»! Это, заметим к слову, тот самый период, когда каждый год писалось по литературному шедевру и было снято лучшее советское кино.

Но вот сквозь эту адскую мерзость проступили – ох! – восьмидесятые. То самое время, когда, как нам сообщили, люди «жадно читали, смотрели и ездили». А следом девяностые – «глоток свободы».

Ну да, помним-помним, недалеко ушли, вроде проглотили – а вкус во рту остался. Это ведь те годы, когда впервые за несколько десятилетий появились сотни тысяч бездомных стариков и старух, собирающих милостыню в переходах, когда другие сотни тысяч пенсионеров по всем городам ходили и проклинали «демократов», колотя в пустые кастрюли.

Но именно эти шумные, шальные дни характеризуются автором бережно, почти с нежностью – естественно, по причине исключительно добрых чувств к этим самым дедушкам и бабушкам.

Потому что их внуки – «ездили». Потому что их внуки – «жадно читали».

Страна, правда, развалилась на части, но это ничего.

Куда ездили-то, можно спросить? Так уж жадно? В Абхазию, Приднестровье, Таджикистан или Чечню? Или в какие-то другие места – раз не заметили некоторых деталей за «глотком свободы»?

Написанное нашим автором – это какой-то ошеломительный гон, когда реальность выворачивается наизнанку, а ни в чём не повинные бабушки с дедушками идут в ход как самый неоспоримый аргумент, должный поддержать давно сложившуюся правоту внука, расписавшего нам, где «ад», а где «нормальная жизнь».

Мы вынуждены внести несколько поправок.

Век XX был чудовищным. Ужасным и чудовищным во многих своих проявлениях. Все знают это и помнят, никому пересказывать не надо.

Но странным образом очевидное большинство стариков – а скорее, даже подавляющее большинство! – восприняли свершившееся в восьмидесятые и пришедшее в девяностые с неприязнью, плавно перешедшей в отторжение.

Несложно догадаться, что тысячи и даже сотни тысяч стариков ощутили себя и обманутыми, и оболганными.

И у них были для этого самые веские основания.

Лукавить незачем, мы взрослые люди и знаем, кто стал основной электоральной базой коммунистов и за что другая часть пенсионеров любит нашего велеречивого президента. За то, что он почти что генсек.

Так что, если вы хотите пожалеть свою конкретную бабушку – пожалейте.

Но не стоит жалеть всех сразу, заодно обозначив результаты их огромной жизни то ли как «отвратительные», то ли как «мёртвые», но в любом случае – ужасающие и бессмысленные.

Что-то подсказывает, что от такой жалости они вскричали бы в бешенстве и негодовании.

СОРТИРОВКА И ОТБРАКОВКА ИНТЕЛЛИГЕНЦИИ

Штрихи к портрету либерала

Нам только повод дай, а что сказать, мы всегда найдём. Повод дала Татьяна Никитична Толстая, вдруг заявившая, что автор этих строк «презирает интеллигенцию».

Однажды ровно то же сказала мне и Людмила Евгеньевна Улицкая, назвав мою публицистику «антиинтеллигентской».

Бог с вами, коллеги, как вам такое вообще в голову могло прийти. Ряд моих недавних текстов действительно имел критический настрой — но касался он никак не интеллигенции в целом, но либеральной интеллигенции, или, если брать чуть шире, новых буржуазных элит.

Либеральная интеллигенция и новая буржуазия — это не совсем одно и то же, но в целом объекты соприкасающиеся. Например, Михаил Прохоров — это яркий представитель новых буржуазных элит, а прекраснодушные люди, что организовали группу его поддержки, – это либеральная интеллигенция.

Над тщетными попытками нынешней буржуазии считать себя новой российской аристократией либеральная интеллигенция для виду посмеивается, но в целом она за продолжение этого, что называется, тренда. Патентованные выгодоприобретатели приватизации должны стать нашим дворянством и взять управление страной в свои твёрдые руки.

То, что дворяне из них получаются немногим лучше, чем из числа бывших кагэбэшников, либеральную интеллигенцию не очень мучает.

Нам очень любят рассказывать байку, что «первичное накопление капиталов в США» тоже было бандитское – но раз у американцев образовалась своя элита из бывших бандитов, значит, и нам надо подождать.

И вот мы прождали четверть века, у первых приватизаторов уже внуки выросли – а результат не просматривается. Где эти меценаты и просветители, душу и кошелёк готовые положить на благо России? Давайте, может быть, ещё полвека подождём? Мы же не торопимся никуда.

Либеральная интеллигенция, как в том пошлом анекдоте про двух зэков, по поводу наших буржуазных элит упрямо заявляет: «А нам они нравятся!». Почитайте, к примеру, рассказ Виктора Ерофеева, как однажды у него в гостях собралось сразу пять российских миллиардеров. Это ж не рассказ, это – ода.

Если бы сегодня вместо Прохорова в политику пошёл бы любой фигурант российского списка «Форбс», либеральная интеллигенция сразу же составила бы его пламенную группу поддержки. Любой, говорю, миллиардер. То есть тип, ничем, кроме наличия необъятных денег, до сих пор не подтвердивший своего права претендовать на управление Россией.

Ситуация с самозваной аристократией отчасти отражает ситуацию с самозваной либеральной интеллигенцией.

Дело в том, что класс интеллигенции в Советском Союзе был, как многие до сих пор помнят, действительно обширен. К интеллигенции относились все эти пресловутые физики и лирики, читатели толстых журналов, учителя и библиотекари, кандидаты и доктора гуманитарных и прочих наук, инженеры НИИ.

К несчастью, почти все из них были деморализованы либеральными реформами и низведены на маргинальный уровень. Эта интеллигенция исчезла как класс — мало того, либералы ещё и оттоптались на них. Ну-ка, давайте вспомним, сколько раз мы читали в прессе про НИИ, где «никто не работал» и «все просиживали штаны»? Ничуть не реже мы слышали про бессмысленность и скудность советской филологической школы (на самом деле — одной из сильнейших в мире, и ныне рассеянной).

Даже не будем затевать долгий разговор о существовании рабочей и крестьянской интеллигенции. (Хотя была и такая: я сам вырос в интеллигентной крестьянской семье и являюсь горожанином в первом поколении: все мои предки в прямом смысле пахали землю, отец первым из числа всей моей многочисленной деревенской родни получил высшее образование и стал сельским учителем.) В наши времена об этом вспоминать моветон.

Та же Татьяна Никитична Толстая в интервью, где обвинила меня, заодно обвиняет дореволюционное крестьянство в презрении к интеллигенции, которая из сил выбивалась, чтоб этого крестьянина обучить и вылечить, — а он, зверь пахучий, нос свой воротил и на «спасибо» так и не разорился.

Дореволюционное крестьянство — дело прошлое, а вот презрение либеральной интеллигенции ко всем остальным советским видам интеллигенции — вещь очевидная.

Произнесите в присутствии Татьяны Никитичны, к примеру, «советская рабочая интеллигенция» — и по её вспыхнувшему взору сразу убедитесь в моей скучной правоте.

Наряду с ликвидацией иных социальных видов интеллигенции либералами были побеждены в неравном бою и прямые идеологические оппоненты: в частности, интеллигенция «левого» и «правонационалистического» толка. Найти нынче серьёзного человека, вслух готового сказать о симпатиях, скажем, к журналу «Наш современник», фактически невозможно. Но, между прочим, там по сей день публикуется ряд крупнейших мыслителей и литераторов современности.

Сегодня либеральная интеллигенция даже не втайне, а въяве уверена, что никаких других интеллигентов, кроме них самих, не существует.

Это как-то незримо, но вместе с тем ощутимо рассеяно в воздухе.

Вот давайте честно ответим себе на вопрос, кого мы считаем интеллигентом? Если не задумываться и отвечать мгновенно, услышав (навскидку) фамилию «Ростропович», любой из нас тут же ответит:

«да, это интеллигент», а услышав «Василий Белов» — даже я, и то задумаюсь.

Татьяна Толстая — точно интеллигент, никто не спорит, а Валентин Распутин... да бог его знает!

Но разве моральный вес или интеллектуальная правота Ростроповича так уж кардинально превосходили моральный вес и интеллектуальную правоту Василия Белова?

Ответ простой: Белов не являлся носителем либеральных ценностей, а таких интеллигентов, как мы откуда-то поняли, не бывает.

Либеральная интеллигенция очень любит возводить свою генеалогию, например, к Чехову или к Михаилу Булгакову, что, хоть и лестно ей самой, никакого отношения к действительности не имеет.

С тем же успехом можно и Блока назвать либералом.

Если любой здравомыслящий человек попытался б представить, как Чехов, Блок или Булгаков относились бы к нынешним либеральным витиям, — он бы ужаснулся.

Своим оппонентам либеральная интеллигенция очень любит рекомендовать читать «Бесов» Достоевского, и тут вообще всё переворачивается с ног на голову. Потому что «Бесы» — именно что антилиберальный роман, и к столь лелеемому либералами февралю 1917 года имеет прямое отношение.

Между прочим, царя свергли либералы, а то мы всё время забываем об этом. И отречение его тоже приняли, не поверите, либералы. Мало того: Гражданскую войну развязал не кто иной, как либералы. Большевики, да, забрали у них власть (кстати, фактически бескровно) — но никакого желания воевать по этому поводу не изъявляли. Однако от созидательной государственной деятельности их надолго отвлекло антисоветское либеральное подполье и военные походы, организованные генералами, не желавшими расставаться с завоеваниями Февраля, – ну, то есть патентованными либералами.

Неповоротливые большевики, две трети истории Советского Союза тщетно пытавшиеся сдвинуть созидаемый ими строй на позиции консервативной революции, должны были «Бесов» популяризировать и переиздавать, а не наоборот. Тогда б в конце восьмидесятых у интеллигенции была бы реальная возможность узнать многих бесов в лицо.

Но этот процесс задержался на четверть века.

Сегодняшние путешествия по России, желательно не из Москвы в Петербург, а из Калининграда во Владивосток, дают удивительное ощущение наличия – да, обедневшей, да, брошенной, да, разрозненной, – но, безусловно, что называется, национально ориентированной интеллигенции. Вовсе не либеральной, но, скорей, как либералы бы сказали, – охранительной. И вместе с тем в чём-то куда более радикальной, чем интеллигенция либеральная.

И это тоже парадокс, который либеральная интеллигенция замечать не хочет никак. В России есть огромное количество образованных, воспитанных и крайне полезных обществу людей, которые, не поверите, кардинально иначе, чем либеральная интеллигенция, расценивают и ситуацию в России в целом, и все последние скандалы – от дела *"Pussy Riot"* до дела Магнитского – и при этом вовсе не стремятся голосовать всеми руками за действующую власть, но зачастую презирают её ещё острее и болезненней.

Наверное, надо перечислить несколько отличительных черт либеральной интеллигенции, чтоб было понятно, в чём её отличие от просто интеллигенции.

Для начала, представители либеральной интеллигенции – категорические антисоветчики. Наверное, не все антисоветчики – либералы, но большинство либералов, ничего тут не поделаешь, неистово презирают всё советское.

Между тем советское – это как раз апофеоз народного участия в истории. И в самом высоком смысле, и в самом дурном. С одной стороны – это серебряный век простонародья, давший России целую плеяду имён учёных, военачальников, писателей, музыкантов, режиссёров: чего бы нам теперь не рассказывали про «вертикальную мобильность» царского времени – там и близко не было подобной ситуации. С другой стороны – да, неотъемлемая часть советского проекта – все те безобразия, которые творила «чернь»: отменить их невозможно и забыть не удастся.

Однако либеральная интеллигенция видит в большевистской революции и советской истории исключительно «окаянные дни» и всевластие «кухарок».

В итоге, когда наши либералы рассказывают, как они любят народ, я почему-то втайне думаю, что под «народом» они имеют в виду по большей части своё отражение в зеркале.

Именно поэтому либеральная интеллигенция так часто повторяет, что она не обязана любить народ в его худших проявлениях – а любит его за лучшие качества. Вот я и говорю: либеральная интеллигенция любит под видом народа себя как носительницу лучших качеств народа.

И пусть вас не вводит в заблуждение недавнее участие ряда либеральных деятелей в массовых протестах. В целом либеральная интеллигенция никакой революции не желает. Она желает другого — оседлать любые стихийные процессы, чтоб истинно национальной революции не случилось.

Народа, ну, то есть черни, либералы ужасно боятся, и сделают всё, чтоб чернь в свои руки власть не взяла никогда. А то «мы помним, чем всё это закончилось».

Именно поэтому либеральная интеллигенция из числа литераторов так до комизма односторонне описывает события октября 1917-го в своих сочинениях, фильмах и устных рассуждениях. Белые рыцари против хамья и звероподобных чекистов в кожанках.

О том, что в Белой армии был повально распространён антисемитизм, и антисемитские листовки над красногвардейскими частями разбрасывались этими «рыцарями» с последовательностью просто удивительной, либеральная интеллигенция предпочитает не помнить. Что ещё раз подтверждает, с каким неприятием и ужасом взирает либеральная интеллигенция на «чернь»: противникам «черни» можно простить всё что угодно.

И если эта «чернь» приходит к власти, то пусть тогда страны такой не будет вообще в природе.

Критик Лев Пирогов, читая дневники Андрея Тарковского, однажды обратил внимание на рассуждения режиссёра о том, что жить в Союзе стало совсем невыносимо и вот поэтому пришлось уехать.

Почему, задался резонным вопросом Пирогов, представить в такой ситуации Василия Шукшина просто невозможно?

Они ж в одной стране жили. И оба были великими режиссёрами. И обоих мучили чиновники от культуры.

Но чтоб Шукшин уехал?

Все помнят девяностые годы – безусловно, ставшие апофеозом либерализма в России.

Можем ли мы себе представить, что любой представитель т.н. патриотической интеллигенции взял бы да и уехал из России тогда? – потому что жить в такой стране ему – по не менее понятным причинам, чем в случае с Тарковским! – было совсем невыносимо?

Ситуация как раз обратная: Виталий Коротич, редактор флагмана либерально-буржуазной революции – журнала «Огонёк», – в 1991 году, от греха подальше, перебирается в США (нет бы полюбоваться на торжество либеральных идей в России!), а Александр Проханов в 1993 году, насмотревшись, как его товарищей в Белом доме расстреливают из пушек, бежит в компании критика Владимира Бондаренко в рязанскую деревню к писателю Владимиру Личутину.

Нашёл куда бежать! Нет бы в Шанхай поехал.

Евгений Евтушенко, опять же после октября 1993 года, отбывает всё в те же США, а Эдуард Лимонов – имевший тогда французское гражданство – прячется в Твери у знакомых своих знакомых. А как же Париж?

Вы скажете, что это случайные примеры, а я скажу, что концептуальные.

Потому что, если к власти придёт Михаил Прохоров, ни один ещё живой «деревенщик» и шагу не ступит из России. А если президентское кресло в результате некоего чуда займёт какой-нибудь бровастый, щекастый коммунист (я уж не говорю про Лимонова!) – даже не стоит начинать перечисление тех, кто отсюда немедленно переберётся куда подальше, шёпотом повторяя: «К чёрту такую Родину!».

Очень многие, да.

Свобода больше Родины – вот главный, но не произносимый вслух жизненный постулат либеральной интеллигенции.

Вместе с тем сказать, что либералы не любят Россию, было бы и глупо, и подло. Они её любят, но выборочно. Новгородскую республику, Александра Освободителя, Февральскую революцию любят. Матушку Екатерину иногда, но реже, реже. Выбор, в общем, не густой, но всё больше, чем ничего.

В этом, кстати, отличие российского либерала от украинского или прибалтийского: те за любую строчку в своей истории глотку перегрызут – кроме всех строчек, связанных с Россией. Беда в том, что там не связанных с Россией строк – раз, два и обчёлся, поэтому их приходится додумывать.

И наш либерал, в России неустанно разглагольствующий на тему местного фашизма и ожидаемых погромов, по какой-то малообъяснимой причине, будучи в гостях у прибалтийских или украинских соседей с их улицами и площадями, названными в честь натуральных профашистских людоедов, этих вопросов не касается категорически.

Объясняется всё опять же просто: «национальные герои» воевали против советской власти, это важно, это ценится.

Интеллигент либерального образца с огромным нежеланием выступает в качестве адвоката России – а вот в качестве обвинителя по любому вопросу готов выступать сплошь и рядом.

Сложная ситуация и с православием. Сказать, что либералы воюют с православной верой – значит некрасиво солгать. Однако порой создаётся ощущение, что либералы явственно предпочитают мёртвых православных священников – живым. Например, пойти к Соловецкому камню и принародно опечалиться о гибели священства в советских лагерях – это да, это обязательная программа. Но заставьте либерала принародно сказать добрые слова о деятельности РПЦ в наши дни – он с лица сойдёт.

Между тем это одна и та же церковь, и я не думаю, что те убитые комиссарами священники как-то принципиально отличались от ныне действующих, относиться к которым как минимум скептически стало нынче в либеральной среде правилом хорошего тона.

В целом же бытийная философия либеральной интеллигенции кроется в неустанных мантрах об эволюции (им очень нравится это слово), она же – социал-дарвинизм (это слово им не очень нравится, хотя разницы никакой).

Под эволюцией они понимают исключительно торжество либеральных ценностей, а всё, входящее с этими ценностями в противоречие, числят по разряду «мракобесия». Любая дорога, помимо либеральной, — «тупиковая ветка истории», утверждают либералы, причём с таким апломбом, словно уже прожили историю человечества на тысячу лет вперёд и вернулись к нам в день сегодняшний нас просветить.

Мы всё поняли, спасибо. Это был хороший и важный урок.

Ответ на этот урок будет короток и прост.

Во-первых.

В советской истории было много ужасного, убогого и ханжеского, мы не слепые и тоже это видим. Но вместе с тем это был момент безусловной реализации народного потенциала — причём реализации во многом ошеломительно успешной.

Будущая Россия нуждается именно в этом: в высвобождении национальных сил.

Высвобождение должно произойти не на основе вашей пресловутой дарвинистской концепции конкуренции и частной инициативы, а в результате смены неолиберальной экономической модели на модель просвещённого патернализма.

Во-вторых.

Буржуазия — это не наша аристократия, и в основной своей массе, за редкими исключениями, никогда ею не будет, и ждать этого чудесного превращения целому народу — нет никакого резона.

Нынешняя власть в России, к несчастью, либеральна в силу той простой причины, что освободила деньги. Либерализм — это свобода, верно? В России деньги свободны как мало где в мире. Эти деньги плавают где хотят и не очень охотно возвращаются сюда — а должны пастись здесь, в России, и работать только на Россию.

В-третьих.

Православие ни в чём перед вами не виновато, и вред от неразумных действий отдельных священников тысячекратно ниже той колоссальной пользы, что приносит институт церкви России и русским людям.

Далее.

В России есть интеллигенция, которая ненавидит сложившийся порядок вещей куда яростней, чем вы. Просто счёты у нас к власти несколько разные.

Ну и, ничего не поделаешь, Родина важнее вашей свободы.

УБЬЮ СВОЕГО АДВОКАТА

Лучший адвокат человека — он сам.

Как убедительны и сладостны самооправдания, какой глубокий смысл мы можем обнаружить в своей лености, в своей слабости, в своём столь уютном эгоцентризме.

Вот, например, есть страна.

Вот, например, эта страна издевается над своими гражданами, или просто делает вид, что многих из них, быть может, нескольких миллионов, вообще нет в природе с их проблемами.

Значит, государство не выполняет своих прямых обязанностей. Всё.

Но, представьте, говорить подобное в последние времена — дурной тон.

«Конечно, во всём власть виновата».

А кто? Кто виноват?

Что это за идиотская привычка по поводу любой проблемы говорить: «Начни с себя, и мир исправится».

Что мне такое сделать с собой, чтоб если не все, то большинство были сыты, дети рождались, заводы работали, пахарь пахал, а сеятель сеял?

Я — это конкретно я, физическое тело, и дух, который никто не видел в глаза. Государство вокруг меня — это далеко не только я, и, как ни странно, его бытие никак не зависит от того, посадил ли я дерево и сходил ли на исповедь.

Хватит уже этих нелепых обобщений: «Если каждый исправится, то...». От этих обобщений стоит сплошной туман, в этом тумане ничего не видно.

Мы, в конце концов, взрослые люди — мы знаем, что никогда ни каждый, ни даже половина из нас не исправятся. Глупость, жадность и похоть — это вещи, которые нельзя победить раз и навсегда, они исчезают только вместе с жизнью.

Наше исправление — это наше личное дело. Наше государство — это наше общее дело. Не стоит путать частное с общественным и тем более подменять одно вторым.

Но мы подменяем. Причём с осознанием своей необычайной правоты.

В человеке живёт огромный адвокат, или даже целая адвокатская коллегия, у которой под ногами путается маленький, неприятный и усатый как таракан прокурор. Р-раз его ногой — и нет прокурора. И только адвокаты поют как сирены. Как они поют!

«Ты никому ничего не обязан!» — поют они.

«Кто вправе тебя осудить?» — подпевают красивые голоса.

«Ты платишь налоги!» – выводит красивый бас.

Говорят, что конкретные близкие, за которых можно отвечать, – это реальность, а вот за «всех» отвечать нельзя, это абстракция.

Да что вы. Может, и страна – абстракция? Какие у нас тут ещё слова произносить нехорошо и стыдно – Родина, Россия – это всё тоже абстракция?

Сами вы абстракция.

Страна – это конкретная вещь. Куда конкретней нас самих. Её можно потрогать руками, её можно увидеть на карте, о ней можно прочесть в книге, её историей можно восхититься, и даже согреться можно о её тепло.

Россия, огромная, необъятная во временах, – я ощущаю её как живое существо, я иногда чувствую её ладони над своей головой. Это реальнее многих людей, которых мы, например, видим на экране.

Она тоже способна испытывать одиночество, боль, даже страх. Даже ужас.

Мне кажется, последнее время она испытывает как раз непреходящий ужас.

Я никогда ни одного человека в жизни не привлекал в ряды, так сказать, политической оппозиции. Никогда никого не зазывал на митинги и пикеты. Всё, что я хочу, – чтоб мы наконец перестали пользоваться этим никчёмным и позорным словарём со столь популярными мантрами про «никому не должен» и «я плачу налоги».

Эти слова засоряют пространство. Эти слова оскорбляют память тех людей, которые никогда не мыслили подобным образом.

Давайте если не перечтём, то хотя бы попытаемся вспомнить свод русской литературной классики — Аввакумово «Житие», «Тараса Бульбу», «Капитанскую дочку», «Войну и мир», «Тихий Дон»... Это не самые плохие книги на земле. Там, между прочим, нарисован русский человек за четыреста минувших лет: каким он был. Вы помните хоть одного героя там, который говорит про «ничего не должен» и «плачу налоги»?

Они ведь тоже платили налоги. Они ведь тоже могли предположить, что ничего никому не должны.

И что ж, надо понимать, что за четыреста лет мы так развились, что додумались до столь глубоких истин, которые не приходили этим дикарям в голову?

Или как-то иначе это надо понимать?

Например, так.

Принцип глубокой личной независимости от той почвы, на которой ты взращён, и того пространства, что тебя окружает, — это не признак мудрости, но признак глубокого инфантилизма.

Так ведут себя дети.

Это ж всё из детского обихода отмазки! Помните: «Почему я должен это делать?» Или: «Я уже убрал игрушки, что ещё надо?»

Тут приходит отец и одним своим видом объясняет, почему должен и что ещё надо.

И ты сразу веришь ему.

Наше сегодняшнее ощущение от жизни — это дурная радость безотцовщины.

То ли отец уехал, то ли мы от него спрятались, то ли нам показалось, что он нас бросил, то ли мы сами послали его куда подальше, а теперь будем в кубики играть и мерить мамины шляпки.

Между тем отец никуда не уходил, он здесь и смотрит за нами.

Потому что Родина, как мне кажется, — это далеко не те люди, что находятся в конкретный момент в конкретной кремлёвской башне. Они вообще ничего не значат, если уж совсем начистоту. Родина — цельность, единая во временах. Это как Бог. Ведь не может Бог в 1812 году отличаться от Бога в 2012-м?

Родина тоже иногда одаривает, а иногда наказывает нас. Иногда она благостна, а порой с её попущения к нам приходят мерзость и разор. Но она неизменно оставляет нам свободу выбора — быть достойным её или быть недостойным.

«Я никому ничего не должен» — тоже выбор. Но это позиция камня: он упал и лежит. Если приподнять — под ним сыро и затхло, и скорей-скорей забирается в землю, шевеля волосатыми щупальцами, какая-то осклизлая нечисть.

Если забыть и отринуть эти слова, здравомыслящим человеком, не желающим видеть свою страну идущей ко дну, в нужный момент непременно будет сделан правильный выбор.

Да.

Ну и потом, полноте вам — настали такие времена, что нормальная человеческая позиция уже не требует от человека самоотречения первых христиан.

Чего мы боимся-то?

Не стоит недооценивать себя. Не стоит переоценивать возможности государства.

Оно само всего боится.

Оно само держится за воздух.

У него никого, кроме полиции, нет, с ним никто не дружит за так. Только за деньги.

Полиция – тоже страшно, но, право слово, у нас не расстреливают за политические взгляды в темницах по одному и на стадионах целыми стадионами.

Однако если эту страну вы не считаете своей страной и не связываете с ней своё будущее и будущее своих детей – то я вообще не с вами разговаривал.

Как мне тут одна дама сказала: «Мы с вами не найдём общего языка, я фричайлд, свободное дитя целого мира». Ну дитя и дитя, фри так фри, разве я против. До свиданья вам.

А мы местные. Мы тут будем обитать и впредь.

Так что нечего на меня раздражаться.

СВОБОДА НАЧИНАЕТСЯ С ЗАЧИСТКИ

Ответ нобелеатам, или Размышления о природе мракобесия

Давайте без эмоций, спокойно, тезисно.

Тезис первый. Часть планеты страдает от перенаселения.

Ведущие «цивилизованные страны» озабочены. Земля истощена, в небе огромные дыры, в море плавают пластиковые помойки величиной с небольшие европейские государства. Ну и самое главное — «золотому миллиарду» перестало хватать средств на поддержание привычного уровня жизни.

Эксперты в ряде ведущих стран серьёзно размышляют о том, что население планеты надо проредить. Иначе эти страны в течение столетия станут перед проблемами, которые разрешить уже не смогут.

Тут пригодилась бы большая война, но большую войну в нашем мире все заметят и не одобрят. Потом, ну сколько убьёшь на войне? Миллион, при всём желании. Мало!

Не помешала б какая-нибудь зараза, невиданная чума, но её быстро развезут по миру, и пострадает своё собственное население – «золотой миллиард»! – ради которого это всё и затевалось.

Тезис второй. Так называемое «планирование семьи», и все вещи, идущие с этим процессом параллельно (борьба за права ЛГБТ, феминистское движение, прочие стоящие у порога «новшества»), напрямую связаны с первым тезисом.

В какой-то момент представители некоего мирового элитарного клуба (или ряда клубов) подсчитали дебет и кредит – и прослезились: ребята, дела идут всё хуже и хуже. Мы слишком много плодимся. Планета ещё протянет, запасы прочности есть, но «золотой миллиард» точно рухнет.

Что делать, господа? Ваши предложения.

Мировые элитарные клубы в отличие от, например, российского фейсбука отлично отдают себе отчёт, что либеральный мир внушаем и управляем не меньше, чем мир тоталитарный.

В либеральном мире достаточно запустить тренд. Или несколько трендов. И – «процесс пошёл».

Для начала было решено поставить под сомнение институт семьи.

«Мир изменился...», «женщина способна одна...», «мужчине незачем обзаводиться...» – и прочее бла-бла-бла: я читал это в сотнях колонок десятков российских глянцевых журналов, за год-два-три до этого те же самые глупости прошли по всему мировому глянцу. Тысячи говорящих голов, светских львов и светских львиц повторяют это на радио и ТВ.

При этом стыдно и некрасиво всерьёз обсуждать всякие скучные вещи, типа того, что:

— женщина, даже самая успешная, может вырастить только одного ребёнка, двух — в качестве редкого исключения (одна из ста), трёх — уже точно нет;

— люди, которые пишут подобные вещи в своих «глянцах», в 99% случаев выросли в полных семьях, а не в интернатах и не с матерями-одиночками; таким образом, они совершают в прямом смысле подлог, потому что втягивают читателей в ситуацию, результаты которой в целом никому не известны: наши родители ещё предпочитали жить парами — сегодняшняя статистика, когда распадается восемь пар из десяти, аналогов в мировой истории не имеет. Результаты этой статистики — впереди, мы их пожнём.

Следом идёт пресловутая гомосексуальная тема.

Разве у гомосексуалистов США и Европы были какие-то проблемы в последние полвека? Нет, у них не было проблем. По крайней мере их было не больше, чем у всех остальных граждан этих стран.

Тем не менее тема неожиданно получила такой накал, словно мир стоит на пороге нового геноцида. Между прочим, на планете есть государства, где миллионы людей живут в трущобах, есть нации, вымирающие от голода, в мире процветают работорговля и торговля человеческими органами — но разве двадцать семь нобелевских лауреатов, возмутившихся ситуацией с положением ЛГБТ в России, часто вступают по таким нудным поводам в переписку? Нет, как правило, не вступают. Есть темы важней и весомей.

Вы же понимаете, что кто-то этих людей собрал? Что это не последние люди на планете — нобелевские лауреаты из самых разных стран? Что тут необходимы были неординарные организационные усилия? Или это нужно объяснять? Я вовсе не сторонник теории заговоров, но надо глаза-то иметь иногда.

Идёт определённый процесс.

Стоит предположить, что следующий мировой тренд коснётся создания новой формы семьи, когда у пяти родителей может быть всего один ребёнок: три мужа, две жены, все перелюбились вдоль и поперёк, кто-то непонятно от кого родил, вот и ладненько, вырастим чадо в атмосфере всеобщей любви, дадим отличное образование, может, когда оно подрастёт — сами на нём и женимся, и за него же выйдем замуж, оно согласится.

Не за горами закон в поддержку зоофилии, и это не шутка: что тут смешного. Если мировые эксперты сосчитают, что в мире есть миллион потенциальных зоофилов, желающих легализации, — они им помогут, и даже сделают этот процесс модным. И все в мире общества защиты прав животных сразу заткнутся.

А что? Если у детей не принято спрашивать, хотят ли они быть усыновлёнными двумя гомосексуалистами, зачем спрашивать у козы, хочет ли она быть вашей женой? Что, у козы больше прав, чем у детдомовского ребёнка?

Объяснения всему этому кромешному цирку лежат не в сфере «конца света» и прочей бесовщины. Тут чистая экономика.

Выпал один миллион разнополых взрослых людей из парадигмы традиционной семьи — и мы не получили минимум 500 тысяч новых детей. Вот и всё!

В мире, допустим, есть три процента гомосексуалистов, решившихся жить как они желают жить.

Если данная тема становится актуальной и модной на всех уровнях, цифра вырастает до шести процентов. Больше жара в топке — вытянем показатели до десяти процентов за счёт привлечения к процессу других альтернативно чувствующих граждан. Это вам не Магнитка и БАМ, тут ставки ещё выше.

Превратили «институт семьи» в «институт безбрачия» и «свободных отношений» — ещё лучше картина вырисовывается. Десять миллионов человек выпали из парадигмы традиционной семьи — пять миллионов детей минус. Двадцать миллионов выпали — десять миллионов новых людей не пришли топтать наши посевы и пить нашу нефть. Практически третья мировая война, а зверств никаких. Элементарный расчёт! «Золотой миллиард» получает отсрочку и блаженствует дальше.

Наш «креативный класс» пребывает в убеждении, что ведёт борьбу за свободу людей нового, прогрессивного мира, но это нисколько не отменяет одного печального факта: решение о создании подобных трендов принималось где-то наверху. Никто с «креативным классом» и даже с нобелевскими лауреатами не советовался — по большому счёту, их развели.

Мы имеем дело с очевидным образом смоделированными ситуациями.

Каждый пятый книжный и кинематографический бестселлер освещает определённую тематику — ай, какая случайность, случайней не бывает. Видимо, когда к вторжению в очередную азиатскую страну в Голливуде снимают сорок блокбастеров про азиатскую тиранию и прочий азиатский терроризм — это тоже случайность.

Полноте вам.

Скажем, против института семьи выступает редактор русского *GQ* и редактор русского *Maxim*. Наверняка им кажется, что они сами это придумали. Но нет, конечно, не сами. Искренне ли верят они в то, о чём говорят? О да, искренне! Искренность — она как цветок: если её поливает хороший садовник, она растёт и распускается.

Имеются и небольшие проблемы. На светлом пути прогресса вдруг встала церковь: уже ослабевшая католическая, разнородная протестантская и всё ещё держащая осанку православная.

Очевидные уступки, на которые идёт церковь в Западной Европе, не спасают её от массового исхода людей из её лона. В Германии, Австрии, Франции храмы пустеют на глазах. Посткоммунистический церковный ренессанс в странах бывшего соцлагеря завершился, едва начавшись.

А Скандинавия! Только что был в Финляндии — там происходит заметное всей стране движение отказа от веры по элементарной причине: церковь не выступила в поддержку гомосексуальных браков. Надо заметить, она их и не осудила! Она просто заняла молчаливую позицию. Ах, ты молчишь, церковь? Тогда прочь, прочь от тебя.

Уже и не поймёшь, кто и кого преследует! Церковь — это же не бутик модной обуви, она не обязана поспевать за модой, да? Две тысячи лет не поспевала, сейчас-то куда бежать? Но нет, оказывается, что обязана.

Почему ж двадцать семь нобелевских лауреатов не выступят в поддержку, скажем, католической церкви? А потому что для таких поступков нужно иметь не только мозги, но и яйца.

Более того: для таких поступков желательно не просто жить в мире всевозможных свобод, а самому быть свободным. Оказалось, это разные вещи. Иногда — и всё чаще! — противоположные.

Антиправославная риторика набирает силу и у нас. И что характерно: в ней участвуют люди, которые так горько сетовали всего двадцать лет назад на то, что большевики отлучили народ от Бога и порушили храмы. Теперь вопрос большевизма благополучно разрешился, и надобность в РПЦ отпала: она определённым образом мешает. Свободе же всё время кто-нибудь мешает. Для успешной реализации свобод всегда нужна хорошая зачистка. Место церкви — в лакейской. Тут без вас, батюшка, разберутся — размножаться ли нам и плодиться, или заниматься чем-то другим.

Во всей этой истории неизбежно возникает вопрос: а как же в Западной Европе и США не боятся, что их самих станет меньше?

Для начала, их — достаточно. «Золотой миллиард» потому и называется «миллиардом», а не «триллионом», что в лодке помещается заданное количество счастливчиков и ни миллиардом больше.

Кроме того, какие-то планы по «стабилизации населения» и в «экономически отсталых регионах» типа азиатских стран наверняка уже создаются и реализуются понемногу.

Наконец, с таким вооружением США по-прежнему может контролировать любое количество, к примеру, африканцев, а то, что они там в своей Африке мрут как мухи, — так это естественный процесс. И Азия тоже не помеха, её всегда можно разбомбить.

Не мешает к тому же помнить, что США – одна из немногих стран в мире, в которой население не убывает, а прибывает. А то, что это население не всегда белого цвета, – так кого это может там напугать? Их президента?

Другой вопрос, что часть Европы и тем более страны бывшего СССР во всей этой истории используются мировыми элитариями втёмную.

Когда российский (украинский, эстонский, латышский или оппозиционный белорусский; ну и так далее – польский, румынский, чешский) гражданин собирается в цивилизованный мир, чтоб его там накормили, дали работу и пропитание его детям, – он немного не понимает отдельных деталей. «Цивилизованный мир» хочет, чтоб вас (нас) было как можно меньше. И если «сложная экономическая ситуация» уполовинит наше население – это не будет издержками «перехода», но станет реализацией чёткого целеполагания. Где экономика рука об руку идёт с «планированием семьи» и прочими чудесами прогресса.

Да и гомосексуалисты – они тоже в некотором смысле заложники ситуации. Их самих используют: они хотят личного счастья и всяческой безопасности, а их втягивают в глобальную аферу по «упорядочиванию количества и качества мирового населения».

И если какая-то часть раздражённого человечества (а эта часть имеется, и она да, крайне раздражена) однажды восстанет против подобной атаки на традиционные ценности – достанется не мировым элитарным клубам, а этим милейшим людям – по сути, ни в чём не повинным. Жаль, что они не всегда понимают это.

Конечно, экспертные клубы совершают и другие расчёты: к примеру, часть крупнейших мировых экономистов открыто заявляет, что перманентный мировой кризис — как раз следствие падения рождаемости в европейских странах; но вот какой восхитительный парадокс: их выводы — не становятся медийными трендами! Их позиция никогда не послужит поводом для эпистолярных сочинений нобелевских гигантов мысли.

В сложившейся ситуации нас должен волновать только один вопрос: стоит ли России участвовать во всей этой бескровной «планетарной зачистке»?

Предлагаемый ответ: конечно, не стоит.

Наверное, у природы есть свой план, в который часть человечества (в первую очередь «золотой миллиард») не вмещается.

Человечество не вмещается, а Россия вмещается.

Вы ведь летали над Россией на самолёте хоть раз? Наверняка заметили, что у нас во все стороны — нехоженая земля, имеются невиданные пространства и, более того, в запасе огромные ресурсы для вдвое большего количества людей, чем мы сегодня имеем. (Если б наша власть не разворовывала их так подло — мы были бы ещё богаче.)

Те, кто смотрят на наши ресурсы с интересом и завистью, естественно, заинтересованы в том, чтоб нас стало меньше. Но это их интерес, мы ни при чём. Точка.

Должно ли нас волновать то, что происходит за пределами России?

Нет, они свободные люди, и это их выбор.

В конечном итоге мы даже заинтересованы, чтоб их было меньше. Пусть их будет меньше.

Однако внутри своей страны мы должны отдавать себе отчёт в том, что «мракобесие» – в первичном значении этого слова – это вовсе не позиция Русской православной церкви. Воплощённое мракобесие – это позиция российского «креативного класса».

Активное и последовательное выступление в поддержку всего того, что последовательно и активно противоречит христианской морали, – это и есть мракобесие. Мы вновь попали в ситуацию, когда либеральная интеллигенция совершила нарочитую и бесстыдную подмену понятий.

Хочешь быть мракобесом – будь им. Главное, имей смелость называть себя своим именем.

Нравится заниматься спасением человечества – что ж, и здесь мы только за! Перемещайтесь западнее и продолжайте работу в качестве волонтёров. Мысленно с вами: мы вас тайно поддерживаем.

Но эту мрачную территорию оставьте в покое. Тут спасаются по старинке.

Россию, конечно, будут прессовать. Будут говорить, что мы дикие. Писать нам письма. Слать смс.

А мы не дикие. Мы свободные.

НАЦИОНАЛЬНАЯ ИДЕЯ? МЫ УЖЕ ПРИДУМАЛИ

Одни уже молчат об этом, вторые ещё говорят, но никто не способен всерьёз сказать, какой быть национальной идее России.

Вопрос ведь, в конце концов, не в идее как таковой, а в том, зачем мы вообще живём здесь.

Есть ещё третьи, которым достаточно самих себя для того, чтоб иметь полноценные ответы на любые вопросы: национальная идея — это я сам, мир создан для того, чтоб радовать меня, пусть всё идёт к чёрту, а мне чаю пить. Но о них мы сегодня умолчим, и так слишком много времени стали уделять всяким насекомым.

Главная ошибка в поиске идеи кроется, как нам кажется, в одном: мы хотим, чтоб она возникла немедленно и честно послужила нам для нашего самоуважения. Ведь сколько бы мы ни хорохорились, а внутренне прекрасно осознаём, что выплаченных кредитов для самоуважения мало. Должно прийти что-то, что больше, чем каждый из нас со своими бесконечными человеческими желаниями.

Но идея не может нам послужить немедленно, потому что все мы разобщены так, как мало когда ранее.

В идее свободы мы разочаровались: с этой свободой настал такой разврат, что туши свет. Идея накопительства тоже как-то приелась. Идея равенства увлекает, но до определённого предела: пока тебя самого не решают подровнять с другими. Первоначальное значение выражения «Москва – третий Рим» уже мало кто помнит, и многие готовы понимать это буквально – что тоже радости не приносит: в Риме полно проблем, в Стамбуле не меньше, мы на третьем месте в этом печальном ряду. В итоге Третий Рим скорей уже антиидея, чем идея.

Всё, что нам до сих пор могли предложить, – это идея врага. Сплотимся и купно кого-нибудь победим, кто нечаянно подвернулся.

Однако враги попадаются не соответствующие то нашему размаху, то реальному положению дел.

Сейчас многие государства живут по принципу «другие – это ад». Для бывших республик СССР и ряда европейских стран «другие» – это Россия. Для многих азиатских и ряда европейских стран «другие» – это США.

Выбравшие идею «другие – это ад» в качестве национальной всерьёз думают, что раз они сбежали от «других», то, значит, они сбежали из ада. На самом деле свой ад они унесли в себе – и чем больше они думают о «других» и клянут их – тем их личный ад жарче.

Все враги внутри нас, вы же в курсе.

Но тогда есть смысл предположить, что и друзья тоже где-то поблизости?

Что бы вокруг ни говорили, но мы все понимаем, как должны выглядеть нормальный человек и нормальная страна. Себе мы многое можем простить, хотя бы временно, но про человеческий идеал догадываемся.

То же самое со страной. Мы можем сколько угодно повторять все эти благоглупости и пошлости на тему «...а из кого выбирать?», «...а где лучше?», «...а когда было хорошо?» – но, если всерьёз, мы понимаем, что происходящее вокруг нас по области нормального уже не проходит.

Осталось осознать, как нам предполагаемый идеал применить к своей давно некондиционной фигуре.

Не может же быть достойной национальной идеи у такого беспутного сброда, как мы, – погрязшего в разврате, распаде, распиле и социальных сетях? Не может.

У спартанцев – она могла быть, спартанцы были парни те ещё. У викингов – могла быть, они садились в лодку и верхом на идее плыли через океан. У французов в Средние века могла быть – они не только всех научили одеваться и раскланиваться, но и понятие чести поставили так высоко, что треть своей элиты перебили на дуэлях. У британцев могла быть – они, невзирая ни на какую толерантность, владели третью мира. А посмотрите фотографии наших лётчиков и полярников годов тридцатых или шестидесятых, посмотрите на лица людей, которые слушают Окуджаву и Вознесенского в «Олимпийском». Давно вы видели такие лица? Где? На концерте этого, как его... нет, я даже имён этих не буду называть, меня мутит.

Вас тоже, я верю, слегка мутит, но вы, превозмогая тошноту и омерзение, всё равно слушаете то, что вам подают, смеётесь над тем, чем вас смешат, читаете то, к чему вас принудили, работаете там, где выпало подлататься, выбираете тех, кого уже выбирали много раз, хотя результат заранее известен.

Нам уже не вырваться из этого круга.

Зато мы имеем прекрасный шанс посмотреть на тех, кто сможет иначе, чем мы.

У нас не может быть никакой национальной идеи, кроме наших детей.

Эва! — скажете вы, — а то мы не догадывались.

Нет, не догадывались.

То, о чём мы догадывались, нужно довести до абсолюта.

Ближайшие десятилетия — а Россия в нынешнем её положении на большее чем десятилетия и не может рассчитывать — так вот, ближайшие даже годы мы должны поставить на то, что нам необходимо вырастить поколение новых людей.

Все силы наших бюджетов, все средства, бросаемые на бесконечные празднества, юбилеи, коронации, дни городов — туда, в детский бюджет.

Сверхналоги на богатство, на самые прибыльные телеканалы — раз уж их нельзя закрыть вовсе, все золотые запасы и бочки с серебром — тоже туда.

Капиталы, вытекающие за рубеж, хотя бы частично развернуть — и тоже направить в указанном направлении.

Законодательно определить, что дети государственных чиновников получают среднее и высшее образование только в России — тогда власть вложит все средства в то, чтоб их отпрыски получали достойные знания здесь.

Школы и университеты, детская медицина, детский спорт, кружки и секции, детские научные журналы, детские телеканалы, детские радиостанции — это должно быть сделано лучшими умами страны и обладать всеми необходимыми качествами: отсутствием государственного догматизма, сверхинтересностью, высоким интеллектуальным уровнем.

Каждый ребёнок должен быть — в самом лучшем смысле — поставлен на учёт.

Каждого ребёнка мы должны воспринимать как национальное достояние.

Путин и вся его рать, все Михалковы и каждый Кара-Мурза, Лимонов и Навальный, Гребенщиков и Шевчук, «синие ведёрки» и экологи, «Эхо Москвы» и лично Эрнст, либералы и националисты, Перельман и Канделаки, Ходорковский и его прокуроры, Волочкова и Валуев, Церковь и фейсбук, Собчак и Виторган, экстремисты и центр «Э», Калининград и Владивосток — все должны понять, что всякая тема по отношению к теме детей является вторичной, потому что национальное спасение — только здесь.

Через шестнадцать лет после своего рождения ребёнок должен получить то, чего никогда не получали дети ни одной нации мира.

Он должен говорить как минимум на трёх языках. Владеть как минимум одним ремеслом. Играть как минимум на одном музыкальном инструменте. Быть профи как минимум в одном виде спорта. Знать алгебру и физику, анатомию и астрономию.

Увидеть и покорить географию всей страны, от края до края. Ориентироваться в тайге и в экономических школах. Подшивать воротнички и вязать носки. Помнить наизусть как минимум по одному стихотворению ста поэтов и уметь разыграть как минимум сто самых известных партий в шахматы. Представления его о чести и совести должны быть определённы, а не бесконечно расплывчаты, как у нас. Образцами его поведения должны стать святые и подвижники, образцами его речи – поэты и пророки. Он должен уметь стрелять, петь, танцевать двадцать разных танцев, молиться, управлять любым видом транспорта, включая летательные аппараты, плавать под водой, создавать и взламывать компьютерные системы, оказывать первую медицинскую и последнюю психологическую помощь, принимать роды и знать поминальные причты.

Всякая строка бюджета, связанная с детьми, должна быть самой жирной строкой бюджета, она должна отекать от переизбытка как Сочинская олимпиада, не меньше.

Интеллигенция должна пойти к детям, как народники уходили в народ. К детям надо плыть, как Колумб поплыл в Америку. В отличие от Колумба у нас есть шанс найти сразу и Америку, и Индию, и даже Россию.

Представляете, прошло двадцать лет – а у нас двадцать миллионов новой, с иголочки, элиты?

То, что мы через двадцать лет не узнаем своей страны, едва такие дети войдут в жизнь, – это полдела.

То, что мы сами захотим стать хотя бы слабым подобием своих детей, – другие полдела.

Самое важное, что никаких других шансов у нас просто нет. Мы отработанный материал, надо честно себе в этом признаться. Каждый из нас, может быть, и хорош, в целом мы – годимся только на то, чтоб уступить дорогу тем, кто даст нам право добраться до своего предела и не заголосить от ужаса, оглянувшись назад.

Национальная идея есть, осталось заставить работать на неё всё это государство и всю нацию целиком – на все его и наши оставшиеся мощности.

ПУТЕШЕСТВИЕ НА ВОЗДУШНОМ ШАРЕ В ИДЕАЛЬНОЙ КОМПАНИИ

По большей части мы не служим в армии, не ездим на великие стройки, не покоряем гор, напевая «...пусть он в связке в одной с тобой...», не спешим на покос всей деревней, не тушим пожары целой слободой.

У человека пропадают некоторые столетиями присущие ему качества.

Он привыкает быть один.

Отныне другие — это если не ад, то маета и суета точно.

Мы встречаемся, только чтобы потанцевать. Впрочем, и танцы должны быть такие, чтоб слишком долго не держать друг друга за руки. Сейчас вообще за руки держаться не очень принято.

Уметь быть независимым — нелишнее. Впрочем, порой возникает ощущение, что люди сутками торчат в социальных сетях в силу той причины, что независимость их наигранная, неорганическая. Если ты такой независимый, чего ты всё время напоминаешь о себе?

В любом случае, плохо не когда ты научился быть независимым, а когда ты положил все силы на то, чтоб ничьё благополучие не зависело от тебя.

Люди так страстно, так самолюбиво повторяют «Я отвечаю за себя сам!» – но слышится при этом «Я ни за что не хочу отвечать!».

Сначала мы хотели, чтоб у нас было меньше детей. Теперь мы вообще не желаем жить парами. Куда будет следующий шаг, я не знаю, да и не очень интересуюсь.

Мои личные, не претендующие на статистику наблюдения говорят о том, что разносчиками новой самодостаточной философии бытия являются городские дети, выросшие в одиночестве, с минимальным количеством сестёр и братьев поблизости или вовсе без них.

Родившие такого ребёнка хотели ему дать больше («Нечего нищету плодить!») – а дали меньше.

Они хотели, чтоб он стал щедр, оттого что всегда был сыт, но странным образом получилось ровно наоборот.

Родившие его думали, что, если выросшее дитя умеет оборвать любую привязанность, ценя свою чистоплотную свободу, оно никогда не оставит их самих – но что-то подсказывает, что такой вариант будет использован самым первым.

Всё, что мы – общность людей, разговаривающая на русском языке и занимающая определённую территорию, – имеем к сегодняшнему дню, мы получили в наследство от детей, имевших братьев и сестёр.

Объективный, собственно говоря, факт: до нас здесь жили миллионы многодетных семей, и все мы оттуда родом.

То, что мы получим на этой территории через полвека, — будет следствием проживания здесь детей, выросших в одиночестве. И тогда сверим результаты.

Одно непонятно: кто потом эти результаты будет исправлять.

Есть, к примеру, такое основополагающее для любого народа качество, как самоотверженность. Можно скупить в ближайшем киоске все глянцевые журналы за этот месяц, внимательнейшим образом перечитать их — и ни разу там это слово не встретить.

Когда-то его употребляли очень часто. Может, даже чрезмерно часто.

Дети, вырастающие в многодетной семье, приучаются к этому качеству помимо собственной воли.

Тебе хочется гулять, но ты должен присмотреть за младшей сестрой. Ты, обливаясь неожиданными, кипячёными слезами, принесёшь младшего брата на руках, потому что он слетел с велосипеда и снёс себе не только колено, но и щёку с виском об асфальт. Ты поделишься самым сладким куском с голодным старшим братом, которому сейчас попадёт от отца. Ты невольно начнёшь взрослеть раньше, чем это положено (сегодня мальчикам положено начинать взрослеть в районе тридцати). Тебе нужно будет демонстрировать силу, которой ты ещё не имеешь, и смекалку, которой вчера ещё не было. Ты против воли попадёшь в ситуации, когда разнородные человеческие эмоции, замеченные, но, быть может, даже не осмысленные тобою, неизбежно сделают тебя мудрей, наблюдательнее, зорче.

Самоотверженней, наконец.

Потом это качество пригодится тебе ещё тысячу раз.

Живущий в многодетной семье — живёт словно бы в лесу, где приучается различать звуки и краски. Выясняется, что мир — это не хаос, что здесь всё на своём месте: и если что-то мешает тебе, или потерялось, или больно ударило тебе по голове, упав откуда-то сверху, — то это лишь потому, что ты сам не положил эту вещь на место.

Учись содержать в порядке мир вокруг тебя, и если кто-то рядом не умеет этого делать — поухаживай за ним, пока он научится.

Несомненный плюс такого обучения нелишним человеческим привычкам — в том, что это делается через любовь и по любви. Как бы ни сердились братья и сёстры в большой семье — но они любят друг друга, и ежедневно держатся за руки, и целуют друг друга.

Надо чаще держаться за руки. Надо чаще целоваться.

...Ну а потом, конечно, родители.

Эти торопливые взрослые люди, у которых всегда так много дел.

Им не жаль потратить шесть лет на получение образования, и ещё три — на образование дополнительное. Года три в общей сложности проиграть в компьютерные игры, ещё года три, если суммировать, провести в танцевальных клубах и проболтать в кафе. Лет пять подряд помещать разнообразной степени глупости посты в ЖЖ, инстаграмить, флудить и троллить. Семь лет спустить на то, чтоб добиться статусного продвижения в своём отделе. Ещё год на похудение, полгода на лечение некоторых издержек свободной жизни. Три года на добросовестную выплату кредита, сопровождаемую нешуточными ограничениями. Год туда, два сюда. Машину поменять надо непременно. С парашютом прыгнуть хоть раз.

И только на второго, а лучше третьего, а то и четвёртого ребёнка — времени совершенно нет. Кажется, что это ужасно долго — ждать, пока они вырастут.

Знаете, это с одной стороны долго, с другой стороны — нет. Примерно как сама жизнь. Она длинная, длинная, длинная — потом раз, и прошла. Надо успеть кое-что сделать до этой минуты.

Моему старшему идёт шестнадцатый год. И хотя трое младших ещё только оперились, возникло очень ясное и твёрдое ощущение, что самое трудное позади. Они уже понемногу перебираются в свою взрослую жизнь, а мне нет сорокá — я молод, моя жена молода, мы всё успели. Больше ничего нагонять не придётся.

Пока я писал этот текст, старшие гуляли с самой маленькой во дворе нашего дома.

Каждый по полчаса. Это недолго и вполне весело.

Сейчас я поставлю точку и пойду налью всем молока.

В конце концов, большая семья — это в первую очередь эстетическое удовольствие. Мне всегда есть на что посмотреть, чтоб моё неизменно хорошее настроение стало окончательно прекрасным.

У них оно, кстати, тоже всегда хорошее. Дети в многодетных семьях не умеют тосковать.

Самоотверженность привита, а хандра — нет.

Взрослый мир, конечно, внесёт свои суровые и скучные коррективы в их характеры. Но главная задача заключается в том, чтоб ребёнок знал: есть место, куда он всегда может вернуться и вспомнить, как оно бывает.

Это место — его детство, огромный солнечный шар, где он прокатился в отличной компании любящих его и самых близких людей.

И он в курсе, как этот шар сконструировать.

КАК СКАЖЕШЬ — ТАК И БУДЕТ

Тогда у нас ещё был только один ребёнок – старший сын. Мы были замечательно бедны. Питались жареной капустой и гречкой. Новогодние подарки ребёнку начинали покупать за полгода, не позже, так как точно знали, что накануне Нового года денег на все заказанные им у Деда Мороза сюрпризы точно не хватит. Так вот и жили, приобретая один подарок в месяц: на него иногда уходила треть моей нехитрой зарплаты.

Старший очень долго верил в Деда Мороза, чуть ли не до восьми лет. По крайней мере, я точно помню, что в первом классе он реагировал на одноклассников, которые кричали, что никакого Деда Мороза нет, как на глупцов.

Каждый год он составлял списки: что он желает заполучить к празднику. Мы по списку всё исполняли, иногда добавляя что-либо от себя.

И вот, помню, случился очередной Новый год. Мы с женою глубоко за полночь выложили огромный мешок подарков под ёлку. Легли спать в предвкушении — нет же большей радости, как увидеть счастье своего ребёнка.

Утром, часов в 9, смотрим — он выползает из своей комнатки. Вид сосредоточенный, лоб нахмурен: чёрт его знает, этого Деда, может, забыл зайти.

Заприметил мешок, уселся рядом с ним, и давай выкладывать всё. Там был гигантский пластмассовый Шрэк, даже не помню, где я его достал. Там был аэроплан на верёвочке. Пароход на подставочке. Солдаты трёх армий в ужасающей врага амуниции. Книга про вампиров с роскошными картинками. Щит и меч. Первый, ещё игрушечный мобильник. Какая-то плюшевая гадина с ушами.

Короче, когда он всё это выгрузил — нам с кровати стало не видно своего ребёнка. Мы даже дыхание затаили в ожидании его реакции. И тут раздался оглушительный плач!

Сын рыдал безутешно.

Жена вскочила с кровати: что, мол, что такое, мой ангел?

Вы знаете, я врать не буду — я не помню точно, чего именно ему не хватило в числе подарков. Но, поверьте, это была сущая ерунда. Допустим, он хотел чёрный танк, а мы купили ему зелёный броневик, танк не обнаружив. Или он хотел игральные карты со всякой нечистью, а мы купили эту же нечисть, но в наклейках. Что-то вроде того.

Но обида и некоторый даже ужас были огромны.

— Он забыл танк! — рыдал ребёнок. — Он забыл! Он забыл!

Сидит, понимаете, этот наш маленький гномик под горой игрушек, купленных на последние деньги родителями, отказывающими себе во всём (помню, например, я в течение месяца не мог купить себе бутылку пива — я серьёзно; то есть, если купил бы — могло не хватить на очередной сюрприз сыну; и я не покупал), — и вот он сидит там, среди подарков, невидимый за ними, и рыдает.

Реакция наша — моя и моей любимой женщины — была совершенно нормальная. Мы захохотали. Ну, правда, это было очень смешно.

Он от обиды зарыдал ещё больше — мы кое-как его утешили, пообещав написать Деду Морозу срочную телеграмму, пока он не уехал к себе в Лапландию... В общем, неважно.

Но я до сих пор уверен, что мы себя вели правильно.

Может, у кого-то поведение моего ребёнка вызовет желание воскликнуть: «Набаловок! Кого вы воспитываете! Он вам ещё покажет!»

Как хотите, я не спорю. Я ж знаю, что он не набаловок. Он отреагировал как ребёнок, которому ещё неведомы несчастье и обман. Этого всего ему вдосталь достанется потом. Уже достаётся.

Но дитя, у которого было по-настоящему счастливое детство — когда сбывалось всё, что должно сбыться, — оно на всю жизнь обладает огромным иммунитетом. Я в этом убеждён.

Мой отец говорил мне эту любимую мою фразу: «Как скажешь — так и будет». Я всё жду, кто мне ещё в жизни может такие слова сказать. Больше никто не говорит. Так как никто не может мне повторить эти слова — я сам их говорю своим близким.

Мой старший подрос, и теперь у нас детей уже четверо. Старший свято блюдёт тайну Деда Мороза. Дед Мороз есть, факт. Каждый год наши меньшие пишут ему свои письма.

Старший самым внимательным образом отслеживает, чтоб броневик был зелёный, чтоб вместо пиратов в мешок не попали ненужные пока мушкетёры, чтоб вместо Гарри Поттера не была куплена Таня Гроттер (или наоборот) и чтоб воздушные шарики были правильной воздушно-шариковой формы.

Насколько я вижу (а я вижу), опыт детства научил моего старшего сына не безответственности и наглости, а желанию самолично доводить чудеса до конца для тех, кто ждёт этих чудес и верит в них.

ОДИН ДЕНЬ ИЗ ЖИЗНИ МНОГОДЕТНОЙ СЕМЬИ

Утром мне надо уезжать в другой город. Средние двое детей прибаливают. Старшему надо добраться в гимназию — а она далеко.

Звоню в такси, заказываю, называю адрес, гимназия такая-то.

Через десять минут перезванивают:

— А вы что, ребёнка отправляете?

— Ну, как, — говорю, — ребёнка. Ему пятнадцать лет.

— Такси перевозит детей до шестнадцати лет только в сопровождении родителей.

Я не могу с ним ехать: опоздаю на поезд. Жена тоже — с кем она тогда оставит остальных дома?

— В нём метр семьдесят роста, он чемпион города по борьбе, он вообще не ребёнок, — говорю я. — Если вашего водителя будут обижать — он его защитит.

— Извините, нет.

Срочно ищу другое такси, но в городе уже пробки, никто не успевает.

Откладываю свой отъезд, гружу всех в машину. Старшего — в гимназию, средних — в поликлинику выписываться, младшую — в садик. Жена с нами.

Детских сидений у нас в машине нет. Потому что если мы поставим детские сиденья — мы не поместимся в один автомобиль. Нам нужно будет ездить на двух автомобилях.

Это очень полезный закон — про детские сиденья, но вообще он не учитывает интересы многодетных семей. Семьи, у которых четыре маленьких ребёнка, или пять, или шесть детей, передвигаться в автомобиле не имеют права. Они должны иметь два автомобиля или автобус.

Второй автомобиль, соответственно, должна вести жена; а если у неё грудной ребёнок орёт, привязанный к сиденью, то это ничего — его могут успокоить другие дети, двух, например, или четырёх лет. А чем им ещё заниматься в машине? Хотя они, конечно же, тоже привязаны к своим сиденьям, и им не очень удобно успокаивать самого младшего. Лучше они сами поорут вместе с ним. Рули, мама, рули.

За каждого не привязанного к сиденью ребёнка — штраф три тысячи рублей. У многодетных семей очень много ненужных денег, поэтому они могут отдать двенадцать–пятнадцать тысяч рублей в помощь ГИБДД.

...мои литературные гастроли сорвались, ну ладно, я и так не очень хотел ехать.

Тем более что у нас сегодня другое важное дело: мы, как многодетная семья, получили наконец участок под строительство — бесплатно, от государства. Указ президента! По всей стране он не очень исполняется, а нам повезло.

Едем принимать и смотреть подарок гаранта.

Участок оказался соток на шесть меньше, чем было заявлено в президентском указе. Кому-то ушли наши соточки, ну, что поделаешь.

Другой неожиданностью стало его местонахождение.

В радужных мечтах я представлял двадцать соток на берегу реки, дети играют в траве, собака следит за ними, кот следит за собакой.

Увы, участок оказался в другом, то есть соседнем, городе.

По документам — в пригороде, а по факту — в городе. Почти посредине его.

Можно, конечно, туда переехать жить — по утрам нужно будет добираться до гимназии и садика уже не двадцать минут, а два часа — в чём есть несомненные плюсы: можно по дороге повторить уроки, да и вообще пообщаться с детьми. Или хотя бы с частью детей, потому что, как мы помним, передвигаться многодетные семьи могут только на двух автомобилях.

На выделенном нам участке нужно в течение то ли года, то ли трёх построить как минимум фундамент — а то государство участок заберёт обратно. Государство не любит, когда земля пустует без дела. Многодетные должны крутиться, а не лениться.

...возвращаемся домой, обсуждая с женой, чего бы нам такое построить на своём участке в соседнем городе. Она предлагает лечебницу для зверей.

— Видишь, как много участков нарезали многодетным? — поясняет она. — У всех многодетных есть животные. Все животные болеют. Они все пойдут лечиться к нам.

Я задумываюсь.

– А кто будет их лечить, этих зверей?

Теперь задумывается жена.

Она называет имя одной из наших дочерей.

– Ей же семь лет, – говорю я. – Она сможет приступить к своим обязанностям только через десять, минимум, лет.

Жена снова задумывается.

Мы закупаем продукты в магазине (я никогда не видел, чтоб кто-нибудь покупал в магазине столько продуктов, сколько покупаем мы: дети всё время едят) и торопимся в школу (старшего нужно отвезти с уроков на французский к репетитору), в садик (младшую нужно забрать) и, наконец, домой – со средними нужно учить уроки.

Знаете, сколько сейчас задают в школе уроков?

Если не знаете, то лучше вам об этом и не знать.

Иногда бывает по два творческих задания по одному предмету. То есть два – только по одному предмету, и ещё по одному творческому заданию по трём другим предметам. Не считая основных уроков.

В этом году уже несколько раз родители на родительских собраниях пытались взбунтоваться: такой объём заданий выполнить физически невозможно!

«У нас работа, в конце концов!» – кричат родители.

Министерство образования объясняет, что повышение требований к домашним заданиям преследует благую цель: родители должны больше времени проводить с детьми.

О, да.

Только тогда надо, чтобы родителей было четверо. Двое работают, двое делают уроки и творческие задания. Ребёнок, соответственно, должен быть один. Одного достаточно.

Минобраз желает нам только добра, но на самом деле они борются с демографией. После того как вы сделаете три тысячи творческих заданий за три года начальной школы, вы больше никогда не захотите иметь детей. Я не шучу.

Так что я требую привлечь чиновников Минобраза к судебной ответственности за вредительство в государственных масштабах.

Но пока привлекают нас.

Звонок из школы.

– У вашего сына очень большие проблемы.

(«Боже мой, – думаю. – Что я упустил? Когда это случилось?»)

– Он ведёт себя некорректно по отношению к одноклассникам, – поясняют мне. – И ещё он слушает русский рэп, это ужасно.

– Я приму меры, – говорю я (человек, ведущий себя некорректно по отношению к целым социальным группам и записавший три рэп-альбома и несколько совместок с культовыми русскими рэп-музыкантами).

– Примите меры, но тем временем мы примем свои, – мрачно обещают мне.

Некоторое время обсуждаем это с женой, но вообще нам некогда что-то обсуждать.

Я проверяю физику и французский у старшего, она колдует со средними. Младшая в это время старательно нам мешает: она ненавидит уроки, уроки мешают ей играть с братьями и сестрой.

– Давай кружиться? – предлагает она всем поочерёдно.

Потом требует есть (только что ела). Ворует карандаши, ластики, пеналы и портфели у старших (нагоняю её в момент распределения фломастеров по зимней обуви). Время от времени начинает орать, но мама (жена) это быстро пресекает. У нас не поорёшь. Наличие такого количества детей окончательно подорвало нашу веру в либерализм.

К девяти часам портфели собраны, все лежат в кроватях. Перед сном старшим можно почитать. Я читаю сказку Корнея Чуковского младшей.

...в час ночи я застаю жену на кухне: она клеит ежу иголки. Одно творческое задание осталось незаконченным. Она заканчивает его, зная, что завтра будет новое задание. Самосовершенствование родителей не должно иметь предела.

Между прочим, рисунок со стразами, поделку из картона и тряпичную куклу мы уже сделали. К тому же, пока жена клеила ежа, мы со старшим сыном ответили на дополнительную анкету — 200 вопросов, которые поставили бы в тупик клуб самых находчивых знатоков. Собственно, меня они ставили в тупик несравненно чаще, чем сына. Я ответил на 20 вопросов, он на 170. Он привык. Ещё 10 вопросов остались неразрешимыми.

На следующее утро младшенькая проснулась в пять тридцать.

— Мамычка-а-а! Мамычка-а-а! — звала она жалобно. — Приди ко мне!

Мы пришли к ней оба.

Мы улыбались — а что нам ещё оставалось делать.

В то же утро я уехал, а со всеми перечисленными (и многочисленными дополнительными) проблемами осталась жена.

Она понимает, что у меня дела: мне нужно всех обхитрить, нарушить те законы, которые ещё можно нарушать, обмануть налоговую, совершить максимальное количество сомнительных и малоосмысленных поступков (написание этого текста — самый приличный из них), чтобы прокормить наш маленький род.

А моей любимой женщине нужно сделать невозможное: не сойти с ума.

Мир против нас. Такси нас не везёт, страж дорог штрафует, врач поликлиники идёт к больному ребёнку с 10 до 18 — и врача нужно ждать не сходя с места, школа требует справку о болезни ребёнка, даже если он пропустил один день — а чтобы получить справку, нужно потратить половину дня на поликлинику, забросив работу и все дела, что до государства... государство платит нам уморительные детские пособия, а больше я ничего про него не знаю.

Хотя нет, я догадываюсь, что мою жену, несмотря на два её образования, не возьмут ни на какую нормальную работу. Потому что кому нужны работники, у которых вся жизнь — череда непрестанных проблем.

Впрочем, нас же никто не заставлял так много рожать, верно? Надо было думать своей головой, правда ведь?

Наверное, надо уточнить, что я не пытался вас разжалобить. Я просто хотел предупредить, что если ещё кто-нибудь назовёт меня «буржуазным» — я возьму его за верхнюю пуговицу...

Ну, и оторву её. Самое малое, что я могу сделать в ответ.

...каждая многодетная семья чувствует себя как Конюхов в океане. Счастье в сердце и стихия вокруг.

ФХШЩЖСРГСЦ

Дети учатся в школе. Двое – первоклашки, ещё один – в восьмом. Четвёртому чаду скоро в садик, там свои заботы начнутся.

Из школы несут в дом кто вопросы по ЕГЭ, кто сверхурочные контрольные, кто новую олимпиаду.

Тихой, натоптанной муравьиной тропой идут к маме и к папе с этими развесистыми опросниками.

Мысленно представляю, как тысячи родителей физически страдают, пытаясь одолеть премудрость, рассчитанную на детей, которые только четыре года назад научились говорить.

У меня высшее образование, у жены высшее образование. Мы оба хорошо учились. Мы оба читаем много книг. Относительно неплохо знаем литературу, историю, осведомлены о существовании и назначении ряда других наук. Но, к примеру, недавнюю контрольную для первоклашек мы решали всей семьёй, причём жена постоянно использовала опцию «Звонок папе» — потому что одни мы с ней не справлялись.

У её отца феноменальные знания в очень многих отраслях, от гуманитарных до точных. Он всякий раз внимательно выслушивал вопрос и через минуту отвечал: «Это какие-то идиоты придумали».

Хорошо, у нас есть старший сын, который на таких олимпиадах уже поднаторел, — он дал ответы на десять из восемнадцати вопросов. По одному ответу добавили я и жена. Шесть вопросов остались неразгаданными.

А вчера старший принёс новый, так называемый «Профильный конкурс-исследование». Почитал и призадумался. Дал нам посмотреть — не питая, замечу, ложных надежд касательно интеллекта родителей, — просто захотел нас порадовать.

Хотите и вы себя проверить, дорогие друзья?

Слушайте тогда внимательно.

«Доказано, что звуки не только несут информацию, но и непосредственно влияют на настроение человека. Какой из приведённых ниже наборов звуков передаёт добрую эмоциональную окраску?

1. в, д, л, м, н, ч
2. ф, х, ш, щ, к, ж, з, р, ы
3. ж, з, р, ы
4. к, п, с, т, ф
5. ф, х, ш, щ, ж, с, р, г, с, ц
6. в, л, м, н, к, п».

Сидит наша семья, младшей дочке два годика, папе тридцать семь, и все мы, в меру сил, повторяем задумчиво: «Жзры...» «Фхшщжсргсц!» «Кпстф».

Лица одухотворённые, дышим часто и напряжённо.

«Жзры!» «Фхшщжсргсц...» «Кпстф».

Все смотрят друг на друга, пытаются понять, появилась ли в наших глазах добрая эмоциональная окраска.

У вас как, появилась?

Мне, например, все варианты повышают настроение.

Или ещё вопрос.

«Определите по приведённому диалогу, к какому типу “Я–состояний” относится следующее взаимодействие между людьми.

Руководитель: “Это безобразие! На наш отдел опять свалилась дополнительная работа”.

Подчинённый: “Действительно – безобразие. И ведь это не в первый раз!”

Варианты ответа:

А. Ребёнок–Родитель

Б. Взрослый–Взрослый

В. Родитель–Ребёнок

Г. Родитель–Родитель

Д. Ребёнок–Взрослый

Е. Родитель–Взрослый».

И не торопитесь дальше читать мои сердечные заметы. Посидите минутку-другую, подумайте. Вам-то что: вы дочитали и пошли дальше, а мне с этим жить.

По мне, так они оба дети, и руководитель, и подчинённый. (Либо валяют дурака.)

Но такого варианта не предлагается!

Разыгрываем с женой этот диалог в лицах, просим детей определить, кто из нас взрослый.

Дети тоже за мой вариант: мы оба – дети.

Там ещё двадцать три таких вопроса. Вполне возможно не одни выходные, а месяц жизни (минус выходные) посвятить их разрешению. И не разрешить ни одного.

Ребёнка спрашивают: определите, какие из предложенных прилагательных относятся к типично мужскому и типично женскому образу. Ребёнок нам зачитывает предложенные прилагательные вслух.

1. Агрессивный.

Жена моя тут же отвечает: традиционно считается, что это относится к мужчине, но вообще – к женщине.

2. Тактичный.

Жена моя отвечает: традиционно считается, что это относится к женскому типу характера, но вообще, конечно, к мужскому.

3. Доминирующий.

Жена моя, не подумайте плохого о нашем союзе, отвечает: традиционно считается, что это мужская черта, но вообще – женская.

4. Скрывающий эмоции.

Моя отвечает, что так думают о мужчинах, но женщин это касается больше.

5. Нежный.

Жена моя смотрит на меня и улыбается. А потом добавляет для детей: но вообще считают, что нежные – это женщины.

6. Разговорчивый.

Тут, наконец, традиционный взгляд на женщину и взгляд моей жены совпадают, но это, к несчастью, случается в первый и в последний раз – из двадцати, между прочим, вопросов.

Отдельно мы с ней посмеялись по поводу попытки разделить между мужчиной и женщиной такие определения, как «не использует грубых выражений» и «знает, как осваивать мир».

Но особенно мне понравился финальный ответ моей жены.

20. Ценит литературу и искусство.

Традиционно считается, что это мужчина, сказала жена. Но! — сказала она. На самом деле, сказала она, 80% читателей литературы и большинство посетителей концертов — женщины. Женщины больше ценят литературу и искусство!

Именно ценят, добавила она спокойно. Потому что оценить литературу и искусство в состоянии представители всё-таки другого пола.

Старший сын быстро кивнул, разглядывая нас поочерёдно.

Тут я впервые задумался, что ценить и оценивать — разные вещи.

И ещё подумал, что всё это — неплохая разминка для мыслительного аппарата.

По крайней мере, для моего. Не знаю, что там дети думают по этому поводу.

Пожалуй, я не буду сейчас устраивать немедленную выволочку сочинителям всех вышеобозначенных профильных конкурсов. Иногда родителям полезно общаться с детьми. Да и друг с другом тоже.

У меня есть только одна претензия личного характера.

Гуманитарные, психологические и математические олимпиады — это далеко не единственное, чем нам с женою приходится заниматься. Есть, собственно говоря, уроки. Их задают очень много. С одним ребёнком ещё можно управиться. Но если этого ребёнка — четыре штуки? Или пять? Шесть? И они учатся в шести разных классах одновременно?

Кто-нибудь подумал о многодетных родителях?

Нынешнее образование совершенно очевидным образом рассчитано на семью с одним ребёнком. Даже так: с одним ребёнком и не очень сильно занятыми родителями.

Только поймите меня правильно, а то некоторые, я вижу, уже изготовились в атаку. Как сказал поэт, помните? «Собственно говоря, на что вы жалуетесь? – Я не жалуюсь, я хвалюсь».

Я хвалюсь.

Образование рассчитано на одного, а у нас все растут умные.

Хотя иной раз, тайно, никому об этом не говоря, только вот вам, первый и последний раз, я всё-таки скажу, шёпотом, а потом больше никогда не буду, – иной раз... я... думаю, что...

Что всё это какая-то разводка.

По отдельности все эти тесты – крайне увлекательное занятие: «жзры», «фхшщжсргсц», «кпстф» – как тут не увлечься. Но в целом создаётся ощущение, что какие-то злые люди доламывают нам наше очень неплохое образование и предлагают вместо него интеллектуальные комиксы и раскраски, которые должны нам дать ложное представление о том, что мы занимаемся чем-то очень важным.

Зато русский язык с литературой делают одним предметом и часы, отведённые на изучение книжек, сокращают.

Так что, как говорится, фхшщжсргсц. Угадали мою эмоцию?

ТРИ ЭПОХИ ВЗРОСЛЕНИЯ

Ангелы в окружении отца

Здравствуй, мой розовый, мой нежнейший, мой вечноспящий, мой молочный кулёк, мои виноградные пальчики, моя волосатая спинка, моё мягкое темечко.

Я голос, который ты слышишь, я руки, которые тебя успокоят, я твой отец, скоро я встану с головы на ноги, и ты окончательно ко мне привыкнешь, я ничем не хуже мамы, сам я втайне уверен, что я даже лучше мамы, но маме мы об этом не сообщим.

Мужчины, которые утверждают, что за воспитание ребёнка они возьмутся только когда оно научится говорить, а ещё лучше – пользоваться молотком, удочкой и футбольным мячом, – это не наш случай; есть опасение, что такие отцы вообще никогда не возьмутся за воспитание; и пусть их.

Вопреки сложившейся традиции, первое слово у всех моих детей было «папа». Тут, конечно, имела место материнская работа – моя любимая неустанно повторяла каждому молочному кульку с виноградными пальчиками: папа! пап-па! вот он, наш папа! папа, возьми меня на ручки!

Но и папа не отставал – он старался быть всегда рядом. Он служил, как самая услужливая челядь. Он был ласков, как Арина Родионовна. Он баюкал, когда кульку хотелось спать, и рычал за весь зоопарк, когда кулёк изволил развеселиться. Он работал на полставки домашним клоуном, на полставки кормилицей, на полставки весёлым молочником, на полставки смотрителем бассейна, в смысле – тазика с тёплой водой, он был вездесущ.

Так что здравствуй, чадо моё, моё чудесное, с вымазанным вареньем ртом, с грязными разводами на щеках, с ногтями, которые растут с замечательной скоростью и неизменно выдают привычку ребёнка лазить по деревьям и рыть норы, остановись на секунду, я наконец научу тебя завязывать шнурки каким-нибудь другим способом помимо узла величиной со сливу.

И быстро постриги ногти, я кому говорю.

Терпеть не могу быть суровым и сильным, быть прямым и жёстким, быть грубым и говорить с хрипотцой, быть увесистым, как свинчатка, и всегда правым во всём. В девяноста девяти случаях из ста так себя ведут скучные уроды с ограниченным интеллектом, не способным поддержать ни одного разговора сложней обсуждения турнирной таблицы или четырёхколёсной машины.

Но раз надо – значит, надо.

Теперь, дитя моё, вместо весёлого молочника и Арины Родионовны у тебя есть твоя собственная каменная стена из красного небритого кирпича, твоя домашняя гора с волосатой грудью, не человек, а натуральный кат, который казнит кого угодно, если возникает угроза тебе или твоей маме, да и тебя тоже он может раскатать за лишнее пятно на шортах от мороженого, но сдерживается и не делает этого, катая вместо этого тебя на своей обгоняющей всех машине, и кстати, рядовой, завтра мы приступаем к дрессировке велосипеда, содранные колени гарантируются, послезавтра я научу тебя плавать, предварительно заперев маму в чулане, в среду у нас качалка... нет, рядовой, это не качели, это твоя лучшая подруга до шестнадцати лет, её зовут штанга.

...у нас, впрочем, была расширенная программа, и я научил как минимум двух своих детей из четырёх читать; да и любовь к поэзии, к музыке Чайковского и песням Елены Фроловой привил им тоже я, но об этом мы умолчим, рядовой, смирно, р-р-равнение на отца! Бегом мыть посуду! — Есть, мой генерал!

(Мы никогда не скажем тебе, дитя, что отец не дослужился даже до прапорщика.)

Раз в неделю марш-бросок, раз в день — боевой смотр. Вперёд и вверх, не отступать и не сдаваться, пароль — «Щит и меч».

Главное в этом деле — остановиться вовремя.

На прошлой неделе ребёнок с первого окрика возвращался домой, на этой неделе он сделал кислое лицо: рядом его дружки, какие ещё семейные ужины и прочие домашние уроки?

Отец, ты поступил очень умно, что не повторил своё «я кому говорю» — которое действовало безотказно десять лет до этого дня. Учти, генерал: будешь упорствовать в своих манёврах больше положенного срока — однажды услышишь, что тебе пора застрелиться, что твоя война не просто окончена, но и проиграна.

Нет ничего глупее попытки победить твоего ребёнка. Этот парень уже пробовал бриться твоей бритвой, хоть и начал почему-то с висков. В иные времена ровесниц твоей дочери выдавали замуж, и то, что не выдают сейчас, означает только то, что сейчас их не выдают.

Так что перезагружаем программу.

Йоу, кид. Я умею быть таким же, как ты. Если ты всерьёз думаешь, что я далеко ушёл от тебя, ты ошибаешься. Просто твои малоразвитые друзья ещё не доросли до меня.

Я слушаю такой рэп, который ещё не успели скачать в твоей школе, — я скачаю тебе его сам, и ты удивишь всю свою непродвинутую компанию.

Я видел такие фильмы, даже про анонсы которых вы не слышали, — у меня есть идея посмотреть это вместе, и возрастное ограничение на диске меня не волнует, я в курсе, что ты и не такое видел; тем более главный герой этой картины — мой добрый знакомый, когда он заедет ко мне выпить пива — я разрешу тебе ненавязчиво посидеть рядом.

Но вообще мне ничего от тебя не нужно, кроме минимального уважения ко мне. Моё же уважение к твоему личному пространству — безупречно, как чистота моих манжет.

Договорились, друг мой? По рукам.

Только не забывай, дитя моё, про свой возраст, и отдавай себе отчёт, кем ты стал теперь.

Если ты забудешь, я сам тебе очень внятно напомню.

Слушай.

Ты больше не ребёнок.

Весёлый молочник по кличке «Арина Родионовна» уехал по своим делам. Генерал вышел в отставку и пьёт молоко, греясь на солнце; его эполеты, аксельбанты и хромовые сапоги съела моль. Твой друг и соратник по фан-клубу нашей любимой рэп-команды шлёт тебе привет: он тебя обожает, как и прежде, но ему срочно нужно съездить с мамой на юг — вдвоём: они собирались это сделать двадцать лет, но ты отвлекал.

Я был тебе всем чем мог — дальше без меня.

Приезжай к нам с мамой по праздникам, чаще не надо, можно без подарков. Без подарков даже лучше — мы ничего друг другу не должны, мы свободные люди, у меня много своих дел, тебе лучше о них не знать, и твои дела меня тоже не волнуют.

По крайней мере, я надеюсь, что ты сделаешь всё, чтоб они меня не волновали.

Спасибо, лучший из людей, душа моя, ангел мой. Лети.

МУЖЧИНА И ЖЕНЩИНА: НАЙДИ ДЕСЯТЬ ОТЛИЧИЙ

Русская женщина знает о русском мужчине всё. Иногда она не хочет верить в какие-то вещи, но только потому, что ей так проще жить.

Так и живёт.

Женщина не знает, что русский мужчина способен сделать в десять раз больше, чем он делает. Но для этого ему нужны экстраординарные обстоятельства. Если женщина – экстраординарное обстоятельство, у него многое получится.

Женщина думает, что современного русского мужчину интересует секс. На самом деле девять из десяти современных русских мужчин не интересует ничего. По крайней мере, ничего стоящего среди их интересов точно нет.

Главные жизненные интересы современного русского мужчины в лучшем случае могут пройти по разряду дурных привычек.

Хотя, когда женщина думает, что, если мужчину критиковать (в России существует для этого меткое слово «пилить»), — он станет лучше, женщина ошибается. Недавно выяснилось, что пословица «пилит сук, на котором сидит» посвящена ровно вышеназванной ситуации. Если тебе не нравится сук, женщина, — не сиди. Пересядь на соседний, он такой же деревянный.

«Но я хотела сделать нам обоим лучше».

«Спасибо, мне и так было хорошо».

«Откуда ты знаешь, как тебе хорошо?»

Женщина думает, что современного русского мужчину не интересуют дети. На самом деле собственные дети — едва ли не единственное, что его может всерьёз заинтересовать. Просто для этого он должен сначала стать мужчиной.

Женщина думает, что мужчина умней её. И она права. Но если мужчина думает о себе, что он умней женщины, он заблуждается. Такой вот парадокс.

Смысл парадокса прост: мужчина обращён к большему, женщина — к меньшему. Если мужчина обращён к большему, у него нет времени всерьёз рассуждать о том, насколько он умней женщины. Если же он обращён к меньшему и конкурирует с женщиной — то какой он мужчина. Пусть запишется в женский бокс и конкурирует там.

Женщина думала, что феминизм поможет ей победить мужчину. На самом деле феминизм всего лишь в очередной раз установил мужчину в качестве точки отсчёта. Нелепость.

В конце концов, мужчина сплошь и рядом элементарно не заслуживает быть точкой отсчёта.

Мужчины придумывают форму жизни для целой планеты: коммунизм, фашизм, либерализм, национал-социализм, капитализм, социал-дарвинизм, изм, изм, изм — а у женщины есть ответ на это: феминизм. Самим-то не смешно?

Двадцать лет усиленной феминистской пропаганды привели к тому, что, если девушка не отправляется спать со своим новым парнем в первое их свидание, — на второе он уже не приходит.

Мощный результат.

Давайте теперь зададимся вопросом: какая девушка более свободна — нынешняя, феминизированная донельзя, или позавчерашняя, крестьянка, доярка и работница, якобы лишённая всякого права голоса?

С другой стороны, в нашей стране становятся всё заметнее обратные процессы.

Ксения Собчак вышла замуж, а Маша Арбатова из моды; в России выросло два-три поколения женщин, которых эта одарённая дама воспитала: в том смысле, что это воспитание поломало им жизнь.

Грубо говоря, в женском мире свобода обесценивается куда быстрее, чем кажется в шестнадцать лет. (У мужчин она тоже обесценивается — но, как правило, мужчина это замечает, когда ничего другого купить уже не может — он даже печень свою не продаст, нет у него никакой печени; так и доживает — свободный.)

Русская женщина понемногу оставляет феминистские иллюзии — и в очередной раз оказывается самой передовой в мире.

У неё, конечно, было внутреннее ожидание, что после такой жертвы («я больше не воюю с тобой, ты видишь?») её с нетерпением должен бы дожидаться мужчина, но он, как выяснилось, даже не в курсе, что произошло.

Женщина определяет себя через что-то. Сначала она определяет себя через интерес мужчин. Потом она определяет себя через своих детей. Отдельные женские особи определяют себя через себя, но это путь постоянной агрессии – даже если никто на них не нападает.

Мужчина способен определить себя исключительно исходя из самого себя, ему не нужен объект, который поможет ему осознать свою самость, – он и есть этот объект.

(Даже если его «девушки не любят».)

Мужчина субъективирует себя через собственную субъектность, а женщина – при помощи ряда правильно расставленных зеркал.

Всё это не должно давать мужчине ложных надежд: любая женщина способна расставить несколько зеркал так, чтоб в них отразиться более чем достойно, зато серьёзное количество самцов не имеет вообще никакой субъектности, и взять её им негде. Сам факт, что ты самец, никакой субъектности не несёт. Субъект ты только для своей мамы, сынок. Для всех остальных ты даже не объект.

Поэтому многие мужчины так ищут маму в жене – им хочется ещё раз побыть субъектом.

Иной раз женщина думает, что мужчина приходит, чтобы взять её силой, а он пришёл, чтоб его пожалели.

Наконец, самое важное отличие между нами.

Женщина думает, что она добрее мужчины.

Но она просто слабее мужчины физически.

В целом женщина заметно более агрессивна, потому что в её женском мире всегда сильней внутривидовая конкуренция.

Мужчина может приобщиться к коллективу (это может быть большая политика, футбольный клуб, бочка пива, война, рыболовная артель и т.д.), женщина же всегда разрешает свои самые главные вопросы индивидуально. Это диктует стиль, форму и содержание её поведения.

По сути, женщина – агрессор. Просто она идеально это скрывает.

Мужчина думает, что в целом он сильнее женщины.

Это самое забавное человеческое заблуждение.

Женщина более вынослива, у неё куда более устойчивый характер и куда более крепкие нервы.

До сих пор непонятно, почему она так медленно ездит за рулём и никогда не стремится проскочить на мигающий.

Мужчина – психопат по жизни, а женщина – только по обстоятельствам.

Женщина точней рассчитывает свои ресурсы.

Мужчины не рассчитывают свои ресурсы никогда. Впрочем, тому тоже есть объяснение: как только мужчина начинает себя беречь, он рискует потерять звание мужчины.

Мужчина яростно несётся вперёд и вверх – но, как правило, это бег на короткое расстояние: захватить соседнюю крепость, сорвать самый вкусный плод, забраться на ближайшую вершину.

Когда он туда забирается – там его уже дожидается женщина.

«Здравствуй, – говорит она, – я твой приз».

Ему и в голову не приходит, что она каким-то образом попала туда раньше его.

Загадка.

ПОХВАЛА ХАНЖЕСТВУ

Вижу этих родителей — и на душе тоскливо.

Как они вообще смеют что-то говорить своим детям? Вот эти люди — не прочитавшие ни одной книги за всю сознательную жизнь; законченные пошляки и восхитительные идиотки; потребители сериалов, поклонницы Малахова и слушательницы Стаса Михайлова; мужские экземпляры, вся сила интеллекта которых сосредоточена на рыбалке; верные мужья, разыскивающие в «Одноклассниках» своих случайных и податливых подруг, а также верные жёны, откапывающие во «ВКонтакте» своих, как они это называют, друзей; люди, чей главный жизненный принцип «Я ничего никому не должен», зато им, если им что-то надо — а им всегда что-то надо — от человеческого участия до судейского послабления — вот им-то должны все, и это даже не обсуждается; представители, так сказать, человечества, прощающие себе любую подлость, вульгарные и тупые, и гордящиеся своей тупостью и своей вульгарностью, и несущие всё это с вызовом; вырастившие в душе плотоядную пустоту, погрязшие в непрестанных непотребствах, живущие в тёплом и привычном скотстве, как в утробе...

Вижу эти лица, эти немигающие кроличьи глаза, и не верю своим ушам!

— Почему на тебя жалуются учителя? — восклицает отец. Да на него самого впору жаловаться федеральному прокурору, в отдел по борьбе с экономическими махинациями, в земское собрание, и в ООН тоже.

— Почему ты так оделась? — восклицает мать. А сама она приходит в общественное заведение накрашенная, как вампир, к тому же в кожаных штанах с заклёпками, на два размера меньше рекомендуемого. И если она сделает неловкое движенье, к примеру, резко присядет, то штаны взорвутся со страшным грохотом и заклёпками может поранить случайно пробегающих мимо детей.

«Почему ты не выучил урок? Почему не дочитал “Капитанские дети”? Почему ты не трам-парам-пам-пам-парам-пам?»

«Не гуляй с этим парнем!» «Что за проститутка рядом с тобой?» «Ты что, куришь?» «Твой отец впервые попробовал спиртное в девятнадцать лет!»

«Как ты разговариваешь с матерью? Мать так никогда не говорила с твоим дедом!»

«Выключи телевизор, ты скоро ослепнешь от него!» «Куда собрался на ночь глядя? Включи телевизор, посиди дома!»

«Чего ты там накачал в свой мобильный, идиот?»

У ребёнка взрывается голова. Даже не в четырнадцать, а уже в десять лет он отлично знает, что все эти нотации — полное враньё.

Отец попробовал спиртное, как только он вырос чуть выше стола и дождался момента, когда родители оставили его одного на кухне. Мать выглядит на юношеских фотографиях так, словно её сфотографировали во время полицейского рейда по самым злачным местам, а деда она посылает прямым текстом доныне. Оба родителя не читали никаких «Капитанских детей» и не отличают Чайковского от Чуковского, зато телевизионное пространство ценят и чувствуют себя в нём уютно, как жуки в навозе.

А в мобильные к ним вообще лучше не заглядывать.

Впрочем, ребёнок может и не знать, кого там и от кого не отличают его родители и какие тайны хранятся в их телефонах, но он уже чувствует ещё не огрубевшей своей кожей, что ценности, которые ему навязывают, отдают тошнотворной тоской.

Можно набрать воздуха в лёгкие и ещё раз обрушиться на этих родителей.

...но порой задумаешься и вдруг понимаешь, что их поведение куда больше продиктовано голосом нормальной человеческой природы, чем какой-то там подлостью.

Иной раз дети, наверное, вправе жёстко осадить родителей и поймать их на вопиющем несоответствии произносимым вслух сентенциям.

Но чаще всего родители ведут себя подобным образом по одной простой причине: они ещё помнят, что такое хорошо, — но сами так уже не умеют.

Душа подрастрачена, тело в некоторых местах разрушено чрезмерным употреблением тех или иных подсудных средств, биография таит чёрные дыры, куда лучше не оступаться, а то такие демоны вылетят – можно сон потерять, если увидеть их в глаза. Но при этом не до конца, к счастью, уничтоженный родительский инстинкт требует, требует, требует произносить всё то, что приходится произносить при виде детей.

За каждым лживым словом очень часто стоит тихое моление: сын (дочь), не будь таким (такой), как я!

Пусть взрослые люди произносят всё это, пусть.

Больше ханжества, больше!

Куда страшней и отвратительней обратная сторона.

Помню, был у меня один знакомец.

Он с очевидным и восторженным удовольствием рассказывал мне, какой у него разбитной батя был – и, собственно, таким и остался.

«Прогуливаю школу, – смеялся мой знакомец, – гляжу, батя прёт с какой-то бабой, мнёт ей сиську. Батя меня хвать за шкибот, суёт четвертной: “Матери чтоб не слова!”. Я каждую неделю с него получал по четвертному!»

Батя учил моего знакомца: «Увидел хорошую бабу – хватай её за ...» И называл все вещи своими именами.

Потом сын вырос.

Я ничего тут не буду рассказывать про этого парня, где, и когда, и при каких обстоятельствах мне доводилось его встречать, – у меня ни малейших оснований выступать в качестве моралиста.

Но, право слово, мой знакомец всё-таки был законченный урод. Всякий раз, когда я его видел, он предоставлял всё новые и разнообразные доказательства этого.

Надо сказать, впервые я его увидел двадцатидвухлетним: только что женившимся, ждущим первенца, несколько мудаковатым, но задорным, очень смазливым типом. А последний раз он мне встретился спустя лет пять, и это был гнусный боров с глазами, в каждом из которых хотелось немедленно и с шипом забычковать сигарету.

И никто не поколеблет моей уверенности, что моему знакомцу стоило за свою стремительную деградацию благодарить именно родного папу. «Папа, нá тебе четвертной, иди купи себе цианистый калий, ублюдок».

Тысячу раз можно ловить самого себя на лжи, когда советуешь ребёнку не курить (не слушать, не смотреть, не нюхать, не пробовать, не целовать) эту дрянь. Но во сто крат лучше и выше эта ложь, чем похабная родительская ухмылка и грязный родительский рот, из которого изливаются на ребёнка самые ничтожные речи.

«К чёрту эти книги – батя вырос и без этой херни». «Все учителя в твоей школе придурки, и у меня были такие же – а я ничего, стал человеком». «Дочка, хорошего мужика хватай за хобот и тащи к себе, а то ухватят другие». «Своего Гайдна пусть они сами слушают, а ты мне поищи-ка, сынко, радио про шансон». «Плюй на людей сверху, они этого заслуживают!» «Пороюсь в твоём гардеробе, дочка, я тоже хочу задницей повертеть перед нормальными кобелями, а не перед этим чмом в лице твоего папы». «Не переключай эту программу, смотри, какие курицы пляшут». «Если плохо лежит – надо брать и перепрятывать». «В этой стране нечего делать – появится возможность, немедленно вали».

Не переживайте, жизнь быстро предоставит ребёнку шансы стать такой же сволочью, как и вы.

Не торопите события.

У него будут все возможности научиться пахнуть тем же смрадом. Разводить тех же червей в ушах. Кормить свою душу из тех же помоек.

И не надо врать себе, что так ребёнок становится сильнее. Сами сидите, сильные как бесы, в своём аду, не тащите за собой потомство.

Если ребёнок ни в пятнадцать, ни в десять, ни даже в пять лет так и не узнает, что есть хоть какая-то светлая человеческая правда и хоть какой-то другой, пусть и ханжеский, но всё-таки возможный мир – ему будет некуда вернуться.

А он должен иметь хоть один шанс сбежать из нашей грязи и пожить человеком. Сквозь муть и мерзость нашей жизни надо прокричать ему, что если не для нас самих, то для него этот путь – есть.

Дочь, послушай, ты должна знать, что такое быть женщиной, и что такое быть законченной тварью. И не смотри на меня, просто слушай.

Сын, послушай, я тебе расскажу, что такое быть подонком, и что такое быть настоящим мужчиной. Лучше, если бы я тебе показал это, но я сегодня плохо выгляжу.

Это ничего, что со мной такие проблемы, дитя моё, это поправимо: поэтому слушай меня, любимое чадо, и поправляй на себе.

ДОБРОКАЧЕСТВЕННЫЕ ЛЮДИ

Общаясь со взрослыми людьми, по собственной воле и разумному выбору живущими без детей, — всегда чувствую в них что-то нездоровое.

Ненормальное даже.

Мне и с одним-то ребёнком семьи кажутся несколько неполными, а тут такое.

Симпатичного и вменяемого мужчину старше сорока, живущего с мамой, я встречал только однажды. В фильме «Ирония судьбы, или С лёгким паром!»

С женщинами та же история.

Со смешанными чувствами смотришь даже на тех женщин, чьи фотографии (как правило, десятилетней давности) встречаются на страницах журналов, сопровождаемые заголовками «Мои дети — это мои зрители», или «Я отдала свою жизнь искусству!».

Отдала искусству, вот как. А искусство — оно в курсе?

Человек, не имеющий детей, всё время хочет кого-то обмануть, но, по моим субъективным наблюдениям, обманывает в итоге только себя.

Я не знаю, почему так.

Может быть, потому что, когда ты проиграешь – тебя не утешит уже никто и ничто.

А ты обязательно проиграешь.

И дети – единственное, что может сберечь душу, потому что душа часто кончается ещё при жизни. Или не успевает вырасти.

А может быть, потому, что Бог действительно не фраер?

Тысячи тысяч девушек бегут материнства, чтобы сберечь все свои носимые на себе чудеса, и тысячи тысяч исчезают без следа.

Зато в любой европейской столице можно обнаружить фотографические, величиной с пятиэтажку, изображения Наталии Водяновой, рекламирующей нижнее бельё.

Она, нижегородская, простите, Золушка, жившая впроголодь и торговавшая овощами на рынке, едва пришла в этот бизнес и начала зарабатывать первый миллион, тут же приступила к деторождению. И нарожала уже троих.

Ни одна бы нормальная девушка так не сделала на её месте.

Она бы сделала всё ровно наоборот: ведь масть пошла, какие дети ещё?

Но славных имён, сделавших всё наоборот, мы так и не узнали. Знаем пока только про Водянову.

Значит ли это, что родить троих – лучший путь в топ-модели?

Нет, конечно.

Однако что ни делай, а человеческая, тем более женская красота – она пронзительна и пленительна только тогда, когда сквозь чудесные черты проступает судьба, и нежность, и милосердие, и способность к поступку.

Пошлость говорю? Да ради бога. Я люблю говорить всякие пошлости.

Мало ли девушек, которые столь же красивы, как Водянова?

Их ужасно много!

Но в их лицах ничего не отражается, кроме очень твёрдого и гордого осознания того, что у них есть две фактически новые груди, две отлично выращенные ноги и некоторое количество других ухоженных и приятных на ощупь органов и частей тела.

Между тем грустный опыт подсказывает, что интереснее всего мужчинам смотреть либо на законченных блядей, либо на тех, в чьих лицах можно угадать отсвет Богородицы.

Богородица – это та самая, что родила.

Не знаю, на кого интереснее смотреть женщинам, но мне до сих пор точно не встречались представительницы слабого пола, заявляющие, что их мужской идеал – это глубоко равнодушный к потомству мачо, более всего озабоченный тем, как ему с наибольшим комфортом сохранить свои яйца.

В мужчине за сорок, живущем в одиночестве, я всегда втайне подозреваю какого-нибудь тихого маньяка.

Чего он там делает в своей квартире вечерами, пусть мне кто-нибудь расскажет. Пришёл с работы, сделал себе яичницу, и потом что? Смотрит телевизор? Съел яичницу и смотрит.

Я ж говорю: маньяк.

Порой собираются два маньяка разного пола в одну семью.

Гениальных людей, всевозможных физиков или лириков, изобретателей бомб или пианистов, в силу своих психических способностей желающих проживать без лишних затей, лишь с женою или подругой вдвоём, крайне мало.

Вы знаете таких? Я – почти нет. Известные мне – крайне редкие типажи, и они имеют безусловное право на свою жизнь.

Но в основном среди бездетных пар встречаются те, что по всем показателям причисляются к сообществу «нормальных людей».

Непонятно только, чего в них нормального.

Геи всего мира бьются за право воспитывать детей, которых у них не может быть в принципе, а этим, о которых речь ведём, – и даром не надо.

Всё время задумываюсь, а что они такое делают друг с другом целыми днями, месяцами и даже годами? Эти, к примеру, мальчик с девочкой, которым на двоих лет девяносто? Такое количество свободного времени – его же надо как-то использовать. Может, они придумывают новую модель вселенной? План спасения человечества? Или хотя бы какого-нибудь вида насекомых? Каких-нибудь особенно красивых мух...

Но нет ведь, ничего такого не придумывают.

Я когда представляю такую жизнь, у меня начинает несколько кружиться голова, и даже чуть-чуть подташнивает. Подобное случается, когда размышляешь о чём-то крайне непонятном и странном.

Однажды случайно зашёл по делу в одну бездетную семью и обнаружил, что пара сидит и ест эклеры. У каждого было по шесть эклеров на тарелке.

Вот они сидели, мило беседовали и ели эти эклеры. Потому что эклеры очень вкусные, и ещё эклеры повышают настроение.

Я вскоре ушёл, но ощущение это меня не покидает по сей день: всякий раз я представляю себе быт бездетной семьи (осмысленно бездетной, а не по медицинским показаниям — ещё раз поясню, а то начнётся сейчас) — представляю себе его именно так. Сидят и едят эклеры.

Съели эклеры — можно трубочки со сгущёнкой. Пирожное «корзинка». Пирожное «картошка». Мороженое потом.

Потом можно посмотреть "*Animal Planet*". Потом снова что-нибудь вкусное съесть.

Это не люди, а какой-то тупик цивилизации.

Но они, конечно, так не думают про себя. Они так думают про меня.

Так что у нас взаимность, и никаких обид.

Я даже слышал по этому поводу доморощенную философию про то, что человечество — это раковая опухоль, и есть клетки злокачественные, и есть доброкачественные.

Злокачественные — это которые плодятся.

Доброкачественные — которые сами по себе живут.

Но если ты доброкачественная опухоль, думаю я, терпеть тебя тоже смысла мало. Иди убей себя об стену, а то мало ли. Потеряешь на своём тернистом пути сперматозоид — и тоже станешь злокачественным. Так что давай, не тяни, избавляй от себя человечество.

А какой смысл в новых людях? — любят спрашивать эти, из доброкачественных.

А зачем они нужны? — спрашивают они.

Слишком много вопросов вокруг витает всё время. Все такие любопытные стали — чуть что, сразу спрашивать: а что мне за это будет?

Мы вопросом на вопрос ответим: а кому вы нужны? Кто вам должен?

К тупой метафизике, впрочем, куда чаще склонны мужчины, у женщин всё проще.

Девушка, обдумывающая житьё, спрашивает, а кому она будет нужна — после родов, в таком-то виде.

Но я, сколько ни присматривался, так и не заметил, чтоб рожавшие и нерожавшие женщины в тридцать пять или в сорок пять как-то очень сильно отличались.

Женщина, у которой нет детей, а она уже давно повзрослела, — в ней сквозит мерцающая опасная тяга. Если ты ей симпатичен — возникает неистребимое ощущение, что она может тебя съесть.

Руки её цепки, ноги сухи и быстры, глаза внимательны, грудь неумолима.

Дети портят фигуру, кто спорит.

Ещё время портит фигуру, давайте его отменим.

К тому же дети отнимают это самое время у прекрасных женщин.

Остаётся открытым вопрос, куда они собирались его потратить? На фейсбук? На искусство? На то, чтоб чего-то добиться в жизни? Чего? Чего добиться-то? Стать Жанной д'Арк? Или старшим менеджером в компании?

Читал тут в одной статье, как девушка описывает свои личные представления про ад: ад — это когда ты одна с младенцем в квартире, и он никогда не вырастет.

Ужас какой. И правда: дети кричат, пахнут и растут неохотно.

Но по мне, ад — это когда младенец вырос, покрылся волосами на всех частях тела, расчёсывает их, сидит в сладостной тишине, принюхивается к себе, радуется всему этому и уверен, что он в раю.

БЕСПРИЗОРНЫЕ СТАРЦЫ В ОРАНЖЕВЫХ КУРТКАХ

Читал детям очень смешную книжку одной зарубежной писательницы.

И встретился мне эпизод, как главный герой, задорный деревенский мальчишка, решил навестить бабушку в доме престарелых. Я был настолько обескуражен, что эту главу пропустил.

И до сих пор не могу представить себе русскую сказку с такими вот событиями. Может, вы можете? Чтоб в стихах у Юнны Мориц или у Корнея Чуковского подобный сюжет появился? Чтоб тимуровцы Гайдара отправились в дом престарелых к бабушке Тимура? Или чтоб Александр Сергеевич Пушкин навещал Арину Родионовну в доме престарелых?

Кто-то скажет, что это вовсе не повод для национальной гордости. Ну, ладно, пусть это будет хотя бы повод задуматься.

Я вырос в деревне и ничего о домах престарелых долгое время не слышал — как, подозреваю, и большинство жителей страны Советов. В нашей деревне все древние старики и старухи доживали либо в домах детей, либо у себя в избах – а за ними присматривали.

Примерять на себя маску святоши и огульно отрицать саму необходимость существования домов престарелых, равно как и детских домов, мы не будем. В жизни, как известно, бывает всё, в том числе и то, чего никак не предполагалось изначально.

Однако придавать всему из ряда вон выходящему статус общепринятого – тоже не самое лучшее занятие.

Дома престарелых – известное достижение так называемых цивилизованных стран. В традиционных или, как ещё говорят, отсталых обществах они встречаются несколько реже.

До недавнего времени мы, видимо, были отсталым обществом.

Наверное, хорошо, что теперь они у нас есть, эти дома.

Особенно радоваться тому, что старики иной раз при живой родне доживают свой век среди чужих людей, не стоит – но так ведь всё равно лучше, чем вообще без присмотра.

Одна печаль: с каждым десятилетием домов престарелых в России будет всё больше.

Причин тут несколько, и они не столь очевидны, как нам кажется.

Забирая своих первоклашек, сына и дочку, из школы, я часто с удивлением отмечаю, как мало бабушек и дедушек приходит за внуками. Всё больше няни и бонны, или такие же взмыленные, убежавшие на час с работы родители, как я.

Ну, наверно, при нашей продолжительности жизни у кого-то уже и нет бабушки с дедушкой. У моих – нет дедушки по отцовской, то есть по моей, линии, и бабушки по материнской.

Наверное, у кого-то бабушки и дедушки живут далеко от школы, как отец моей жены, а то и в других городах, как моя мать.

У кого-то они болеют.

Всякое бывает.

Но не до такой степени!

Я всё чаще стал узнавать случаи, когда бабушки и дедушки уверенно игнорируют свои обязанности, потому что обязанностями их больше не считают: у них своих забот полно.

Не буду тут ещё раз приводить в пример свою деревню, где такое вообще было немыслимо. Но я могу с ходу назвать десяток-другой ведущих советских актрис, которые забросили съёмки, гастроли и карьеру ради своих внуков: я про это читал в журналах. Не наврали же мне?

Ну да, не все так делали, не все – но тем не менее такое было в порядке вещей.

А потом нам объяснили, что порядок вещей – он совсем другой! Вам шестьдесят пять, семьдесят пять или восемьдесят пять лет? Так самое время пожить свободно! Рано сдаваться в утиль! Вперёд и вверх!

Ах, как мы в девяностые любовались западными пенсионерами, всеми этими немцами и американцами в отличных пухлых куртках, которые, гордо озирая нашу архитектуру, бродили по центральным улицам российских городов.

«Сравните их с нашими стариками!» – восклицали тут и там.

(Я сравнивал, мне мои бабушка и дедушка из села Каликино Липецкой области и дедушка и бабушка из села Успенское Рязанской области нравились гораздо больше.)

Никто не задавался вопросом: а где внуки у этих прекрасных путешественников?

Во всём облике этих пенсионеров читалось, что их присутствие в России – не разовый вояж, а образ жизни: они живут для себя, они заслужили.

А разве нет? – спросите вы.

Конечно, конечно, не спорю.

Однако, читая не самую приятную статистику о том, сколько пенсионеров сдают в процветающих западных демократиях в престарелые дома, причём чаще всего по инициативе внуков, я уже знаю, отчего так получилось.

Наши консерваторы сейчас начнут говорить про жестокость и бездуховность западного мира. Да полноте вам, при чём тут бездуховность! Западный мир всем нам фору даст по своей духовности. Просто внуки этих туристов в оранжевых пуховиках – знать не знали их в детстве. Ну, виделись на Рождество, наезжали пару раз в гости, но в итоге их дедушки и бабушки для них – чужие люди. И чего им теперь возиться с посторонними стариками?

До нас эта волна докатилась не сразу – в девяностые ещё были сильны пережитки «проклятого тоталитарного общества».

Зато «нулевые» многих из нас просто преобразили.

Понятно, что молодые теперь разводятся в восьми случаях из десяти, рожают неохотно и начинают это делать в основном в районе сорока.

Но у нас и на пожилых подействовали огненные проповеди, к примеру, Марии Арбатовой.

Теперь всем понятно, что шестьдесят лет – идеальное время, чтоб нормально выйти замуж. Семьдесят – чтоб найти новую работу. Восемьдесят – чтоб завести любовницу.

Разве это плохо, спросите вы опять? Да прекрасно! Я без иронии говорю. Пре. Кра. Сно.

Вот только общественный институт «бабушек и дедушек» в России исчезает на глазах. Помяните моё слово, скоро в рекламе перестанут использовать этот образ: большая семья и дед с бабою во главе её. Потому что огромному количеству подростков будет непонятно, что это за древние люди возникли в кадре вместе с молодыми.

Их бабушки ходили на работу до восьмидесяти лет, а дедушки до того же возраста кобелили, если, конечно, не умерли заранее от инфаркта.

И какой спрос с подростков?

На исходе советской власти была такая песня: «Я у дедушки живу, я у бабушки живу, папа с мамой ходят в гости к нам».

Сейчас такие примеры тоже имеют место, но подобного социального явления уже точно нет.

Среднестатистический ребёнок живёт в квартире один, наедине с телевизором, компьютером и мобильным телефоном. Если родители что-то зарабатывают – то к ребёнку приходят репетиторы.

Когда у нас, лет всего через двадцать, по стране как грибы начнут расти дома престарелых (они, подобно гостиницам, будут разительно отличаться по сервису: для богатых, для среднего класса, для нищебродов) – нужно будет вспомнить, с чего это начиналось.

Начиналось всё с того, что мобильный телефон и компьютерная игра не научили ребёнка любви к бабушке и дедушке.

Другой, не менее объективной причиной тотального разрыва поколений будет то, что наша так неохотно размножавшаяся Россия постепенно превратится в государство пенсионеров.

Падение рождаемости — это ведь не только поведение младых (лет эдак до сорока пяти) мужчин, ни за что, кроме своего досуга, не желающих нести ответственности. (Глядя на этих представителей сильного пола, мне ужасно хочется ввести оглушительный налог на бездетность.)

И это не только матери, родившие одного ребёнка и теперь рассказывающие, как мощно изменила жизнь человечества эпоха феминизма, когда женщина научилась справляться со всем сама, без этих занудных и скотообразных мужей. (Родила б троих, я б посмотрел на твой феминизм, милая.)

Это, говорю, не только... э-э... молодёжь.

Это ещё и поведение старшего поколения. Того, что с разлёту вошло в перестройку в 1985 году в возрасте лет сорокá, плюс-минус десять лет, — и тоже правильно усвоило слоган «Бери от жизни всё!».

У меня полно сверстников, которые, не получив почти никакой помощи от своих слишком бодрых и полных сил родителей, так намучились с первым ребёнком, что о втором и думать боятся.

Зато никто не боится попасть в страну, где двум третям населения будет от шестидесяти и выше.

Нынче многие любят шутить по этому поводу: мол, я до этого дня не доживу. Да что вы! Доживёте как миленькие! Мы даже не догадываемся, как это быстро произойдёт!

И вот представьте себе ситуацию: вопреки нашим лукавым прогнозам мы всё-таки доползли до этих чудесных дней. Все такие в ботоксе и на подтяжках. У нас был один ребёнок, обычное дело. И у нашего ребёнка – один ребёнок, а как иначе.

И вот этот внучок имеет полный набор – двух дедушек и двух бабушек.

Мало того что он должен пахать как приговорённый, дабы налогов с его зарплаты хватило на весь пенсионный фонд, ему ещё и присматривать надо за всем этим отдалённо знакомым седогривым паноптикумом.

Естественно, он не будет этого делать, он же не идиот.

И кто его осудит?

СКЕПТИК, СПРЯЧЬ СВОЮ ГУБУ

Белые люди как исчезающий вид

Российские власти уверенно отчитались о том, что демографический кризис преодолён, смертность у нас впервые с 1991 года сравнялась с рождаемостью.

Всё это на поверку оказалось блефом. На одну женщину у нас по-прежнему приходится 1,6 ребёнка. Сиюминутного эффекта мы достигли в силу двух причин: предоставления гражданства ровно такому количеству мигрантов, которое необходимо для сведения дебета и кредита, и некоторого всплеска рождаемости, обусловленного запоздалым появлением вторых детей в семьях «советского призыва» семидесятых годов рождения.

В запасе остались рождённые примерно до середины восьмидесятых.

В 1985 году рождаемость в СССР составляла 2,2 ребёнка на женщину. Ровно с наступлением перестройки рост сменился депопуляцией, в 1995 году мы имели 1,4 ребёнка на женщину, а в 2003 году этот показатель составил 1,3 – и стал одним из самых низких в мире.

Нынешний и так мизерный показатель в 1,6 скоро снова поползёт вниз – советский призыв закончится, и пойдут в дело дети девяностых и «нулевых»: тогда мало того что почти не рожали, но ещё и исхитрились наделить обескураживающее количество чад целым букетом всевозможных болезней, включая врождённое бесплодие.

В России есть очень серьёзная прослойка интеллектуалов, которая склонна, слыша такой расклад, ухмыляться и произносить в ответ усталые речи о том, что это «естественные процессы» и «Европа тоже вымирает».

С одной стороны, это так: в Европе тоже наблюдается падение рождаемости, впрочем, далеко не везде такими темпами.

С другой стороны, хочется этот, чёрт побери, скепсис взять да обратить против самих скептиков.

Представим ситуацию, что было нашему скептику, скажем, тридцать пять лет, а на следующий год ему – р-р-раз! – и вдруг стукнуло пятьдесят пять. Он говорит: как же так, откуда, вчера же было тридцать пять? А ему в ответ: а вот естественный процесс, все стареют. Скептик не соглашается: все стареют, но почему я быстрей всех? А мы ему в ответ его же словами: не надо тут кликушество устраивать, посмотрите на Европу и на весь просвещённый мир, мы же говорим вам: ес-те-ствен-ный про-цесс! Закономерность! Ясно? И поздравляем вас с восьмидесятилетием.

...то, что белый мир вырождается, – очевидно всем. Но с чего бы нам быть первыми в этих рядах?

Пусть скептики объяснят. А то любую проблему можно заговорить до полного абсурда.

Что они, собственно, и делают.

Крестьянская цивилизация превращается в городскую, говорят нам, в городах рожать некогда и места мало. (Как будто в 1985 году места было гораздо больше.)

В обществе изменились ценности — теперь они сугубо индивидуальные, человек живёт не во имя детей, а во имя продолжения собственной жизни. Сакральные смыслы оставили его. (Как будто тут есть чем хвалиться.)

Женщины обрели равные права с мужчинами и отказываются тратить жизнь на воспитание потомства. (А потом, как подсказывает опыт, сплошь и рядом спохватываются, но бывает уже поздно.)

«В итоге остаётся только человек, который живёт сегодня, который не хочет планировать жизнь за пределом своей жизни. И вернуться назад человек не может», как написал тут один блогер.

Всю эту мыслительную жвачку можно тянуть и тянуть, однако результат всё равно остаётся один: согласно прогнозу ООН, к середине текущего столетия численность населения России уменьшится до 101 млн человек. По другим печальным замерам: нас будет 98 млн, а по самым оптимистичным — 116.

Да, предсказывают, что к 2050 году с лица земли исчезнут шестнадцать миллионов итальянцев и двадцать три миллиона немцев. Но русских-то — исчезнет больше тридцати миллионов! Куда мы так торопимся? Почему европейские закономерности для нас ещё закономерней? Ни одно — слышите, ни одно западноевропейское государство не находится в таком катастрофическом положении, как мы.

Да хоть бы Европа вымирала быстрее нас – что это за такой закон, согласно которому нужно в гроб ложиться вместе с европейцами? Пусть сами туда лезут, это их индивидуальный выбор, он нас не касается.

К тому же надо понимать, что Германия из Германии никуда не денется, а России при таком раскладе придётся уйти из Азии и с Кавказа, а возможно, и из Сибири тоже – там будут жить другие люди. И говорить на других языках. А как вы хотели? За Уралом живёт восемь миллионов человек, а территория там – ого-го какая, всем на зависть.

В английской прессе пишут про нас: «...Острее всего недостаток населения проявляется на окраинах России; именно там он наиболее заметен. Пожалуй, самый ужасающий пример – Чукотка, массив размерами с три Великобритании, где население сократилось со 180 000 в 1990 году до 65 000 сегодня. По оценкам экспертов, в ближайшие пять лет эта цифра уменьшится до 20 000 человек, вследствие чего инфраструктуру региона уже невозможно будет поддерживать в надлежащем состоянии».

Кто-то отдаёт себе отчёт, что совсем скоро мы не сможем поддерживать инфраструктуру не только Чукотки, но и всей остальной страны?

А у России ведь свыше 20% мировых богатств – вы думаете, они никому больше не нужны?

Зато Индия к 2050 году обгонит Китай и займёт первое место с населением, превышающим 1,6 млрд человек. Египет приумножится с 83 млн человек до 133-х. Китай тоже подрастёт – с 1,3 млрд до 1,4.

Вы скажете, что эти страны нам не указ: там почти дикие люди живут. Ну, мы бы поспорили, где люди более дикие — в нынешней Европе или в Китае, самой читающей стране мира, имеющей половину мировых запасов и лидирующей едва ли не во всех сферах промышленности, где только можно лидировать...

Но хорошо, другой пример. Население, к примеру, США повысится к 2050 году с нынешних 315 до 404 млн человек, и сохранит своё третье по численности место в мире.

Вы скажете, что там во многом мигранты обеспечивают рост. А чего ж они у нас его не обеспечивают? Ответ: в нынешней России даже мигранты плодиться не хотят!

К 2050 году вырастет население Израиля. Вырастет население Исландии. Хуже, чем в России, будут рожать в Японии и на Украине — но с каких пор именно эти страны стали для нас образцом для подражания?

В России надо срочно менять саму матрицу социального поведения.

Во-первых, надо спросить с государства.

Тут наш гарант пообещал, что многодетным семьям будут бесплатно предоставлять земельные участки за городом. Вы знаете, что по всей стране губернаторы саботируют этот указ? Ещё бы — провести газ и воду на новые территории, а потом всё это взять и отдать? Как бы не так. У губернаторов всегда есть в запасе более удачные способы освоения этой земли.

Что делать, спросите? Надо принудить государство, чтоб всем этим губернаторам предоставили участки в тюрьме, пусть они там осваивают пространство камер.

Идём дальше.

Знаете, что обусловило очередной рост рождаемости в СССР, когда европейские страны уже изготовились вымирать?

В восьмидесятых годах нашим женщинам дали возможность быть три года в отпуске по уходу за ребёнком с сохранением ста процентов зарплаты. Результат был налицо.

Можно представить подобные вещи в нынешней России?

Вы скажете: нет, но у нас сейчас строй другой, и мы уже сделали свой выбор. Ну и к чертям этот строй, давайте его подкорректируем: с чего мы взяли, что такое положение вещей — незыблемо? Ещё как зыблемо.

Можно ещё придумать множество законов в поддержку детства и материнства: мы ж вывозим из страны десять миллиардов долларов ежемесячно — давайте попросим дорогое государство позволять вывозить хотя бы на миллиард долларов в месяц меньше. В конце концов, они торгуют 20% мировых ресурсов, которые всем нам принадлежат, а не только им.

На оставшиеся в стране деньги можно нанять «профессиональных матерей», которые будут получать зарплату — и очень большую — только потому, что они рожают.

Вы в курсе, сколько мы с моей женой получаем за четверых детей? Я даже говорить не буду, это смешно. Всё хочу найти того человека, который придумал эти выплаты, и обидеть его навсегда, причём изо всех сил.

Знаю, что сейчас сбегутся очередные скептики с отвислой губой и начнут рассказывать про алкоголиков и тунеядцев, которые расплодятся больше всех.

Знаете что? Езжайте на Чукотку с вашим подходом.

К тому же, а на что нам государственный аппарат — пусть этот аппарат присматривает за реализацией этого закона и отбирает мамаш поприличнее.

Ну и, наконец, надо бы отдавать себе отчёт, что натуральные тунеядцы — это не те, кто «наплодят нищету», а как раз те, кто выбрал «жить для себя».

Потому что время пройдёт, и на всех, кто жил для себя, будут работать дети тех самых тунеядцев — а кто же ещё?

Понятно, что мы в своё время платили налоги (хо-хо!) и даже, быть может, завели одно чадо.

Но одно чадо будет вынуждено работать на себя, на маму и на папу, дай им бог всем здоровья, а налоги наши, к сожалению, не смогут вместо людей горбатиться в офисах, пахать землю и готовить пончики с вареньем. Без новых людей никуда не денешься! Плодящимся тунеядцам надо платить сегодня, заранее — мы потом ещё вспомним их добрым словом.

Во-вторых, начав с государства, неизбежно придётся перейти к себе.

В России, между прочим, делают 1 миллион 200 тысяч абортов в год. Понятно, что часть их делается по медицинским показаниям — но далеко не бóльшая часть. Это ж какой-то кошмар если не с религиозной (у нас скептики церковное мракобесие последнее время активно не любят), то просто с этической точки зрения. Других методов контрацепции, что ли, нет, что мы за абортарий тут развели?

Между тем запрет абортов в просвещённой среде россиян странным образом считают чуть ли не варварством — и сразу отсылают к Сталину, который действительно запретил в 1937 году аборты — вследствие чего, вопреки всем репрессиям и ужасам, народ прирастал отличными темпами. Именно тогда, удивительным образом, в течение 1937-го и 1938-го родились Владимир Высоцкий, Белла Ахмадулина, Геннадий Шпаликов, Александр Проханов, Андрей Битов, Владимир Маканин, Эдуард Успенский, Александр Дольский, Евгений Маркин, Лев Лосев, Юнна Мориц и ещё множество людей, определивших потом смысл, звучание и культурную высоту всего XX века. Тоже, поди, иные из перечисленных были не самыми желанными детьми: в 1937 году да забеременеть! Но в результате этого мы имеем «Коней привередливых», «Каникулы в Простоквашино», «Государство синих глаз» и «Пушкинский дом».

К тому же Сталин тут вовсе не обязателен. В таких странах, как Мальта и Ватикан, не разрешают прерывание беременности ни при каких обстоятельствах. Ирландия, Андорра, Сан-Марино и Монако допускают аборт только в случае угрозы жизни беременной женщины, в остальных случаях аборт запрещён. В Польше, Испании, Лихтенштейне производство аборта разрешено с целью защиты не только жизни, но и физического и психического здоровья беременной женщины, а также в случае изнасилования, инцеста или аномального развития плода — но в остальных случаях делать эту операцию не рекомендуется. В Финляндии, Исландии и Люксембурге аборты также запрещены, но, помимо вышеперечисленных условий, аборт законодательно разрешён по социально-экономическим основаниям, если таковые имеются.

Если мы чуть что ссылаемся на просвещённую, но вымирающую Европу — чего же мы не желаем воспользоваться их передовым опытом?

Никто, кроме Церкви, не может требовать слишком многого от пар, живущих в натуральной бедности, от матерей-одиночек и от больных женщин — но у нас и вполне обеспеченные и жильём, и достатком люди склонны разрешать любые помехи своему благосостоянию радикальным образом.

Опять скажете, что нежеланные дети не нужны родителям? А так ли вы про себя уверены, что были желанными? Может, и вас тоже надо было не рожать?

...и только после того, как мы сделаем всё из вышеперечисленного, и ещё больше, тогда можно ссылаться на «закономерности» и «естественный процесс».

А пока не сделали ничего, пусть скептики втянут свою отвисшую губу и, как они это называют, «начнут с себя». Именно! А лучше — с жены или подруги.

ДЕТИ, ШАПКА МОНОМАХА ДУМАЕТ О ВАС

Кто-нибудь объяснит, что такое Родина сегодня? Предлагаем формулировку: Родина — это то, что ещё не вывезли на Кипр.

...раньше было ещё хуже.

Когда красные демоны и боги улетели, оставив Ленина в одиночестве на Красной площади, нам быстро и доходчиво объяснили, что наша Родина — это заросли лопуха и полыни, вместо истории мы имеем расстрельную карусель, а все наши святые — жульё и проходимцы.

Лучшие люди страны на чистом глазу рассказали нам, что от нацистов мы отличаемся только в худшую сторону: они — покаялись, а мы — нет. В остальном — всё то же самое.

Почти целый век истории, когда нашей стране было дело до всего, что творилось в мире, и русские определяли жизнь планеты, объявили «совком».

То, что осталось от «совка», назвали «рашкой».

Новая национальная идея без остатка вместилась в одну фразу: «Бери от жизни всё!».

Если не получается брать, то включается второй вариант: «Не парься!».

Родине в этих категориях места не осталось.

Потому Родина — это даже хуже, чем родители. Родина занудна, докучлива и монотонна.

Она всё время мешает брать от жизни всё. Она всё время парит мозг, и веник в её руках огромен и страшен. Того и гляди запарит им насмерть.

Любить её, кажется, не за что. Голливуда тут нет, погода противная, моря мало, кипарисы тоже почти не растут, соотечественники говорят на своём варварском наречии... Неприятно-с.

Презирать всё русское долгое время было делом чести. Само слово «русский» предлагали понимать как «погром».

Потом ситуация начала меняться.

То вообще не было никаких патриотов, а смеющие себя так называть ходили в статусе юродивых, — а то их сразу народился целый полк.

Шагу не ступишь — обязательно патриоту попадёшь на ногу.

Любить Родину — это их призвание. Наверное, они специально этому учились, и нас теперь научат.

Любить Родину надо так: не ходить на митинги, потому что это пятая колонна. Не ругаться матом, потому что это бездуховность. Привязывать на любое удобное место георгиевскую ленточку, хоть на хвост, потому что «спасибо деду за победу!».

Ещё важно помнить, что Америка желает нам зла.

Вообще Америка нам много чего желает, только это вовсе не означает автоматически, что те люди, которые нам про это говорят, желают нам только добра. Добра они желают себе.

С утра до вечера у нас спрашивают, когда же у нас появится новая национальная идея. Чтоб про эту идею рассказать детям и взрослым.

Полноте, она у нас давно уже есть.

Имя ей: узаконенное лицемерие. Идеи те же, зато риторика — новая. Патриотическая!

Профессиональные государственные патриоты совершили замечательной красоты трюк: они на чистом глазу сообщили всем, что Родина — это и есть власть.

На голове её — шапка Мономаха, на шее — красный галстук, в руках — скрижали, на ногах — лапти, в каждом кармане — по яйцу Фаберже, в одном глазу — пречистая благость, в другом глазу — железная воля. Будешь хорошо себя вести — тебе первым глазом подмигнут, будешь плохо — вторым.

Выяснилось, что «пилить» можно не только во славу либеральных ценностей, под самозабвенные мантры о «рабской психологии русских». Под хоругвями, под гимны о великом народе пилится ещё лучше, ещё жарче.

Это главное открытие новейшей российской истории.

Выбора нет: либо ты с «Эхом Москвы», либо с Ириной Яровой. Не хочешь к лягушкам на Болотную, у тебя один путь — к соловьям на Поклонную.

Не так жалко взрослых людей, которые вынуждены выбирать из того, что само себя выбрало давно, — а вот подростков и детей по-настоящему жалко.

Взрослые втайне всё равно ведь относятся к подрастающему поколению, как будто его представители сплошь и рядом слегка недоразвитые.

Ну то есть если они увидели вашу шапку Фаберже и яйца Мономаха, то сразу от всей души должны поверить, что у вас нет недвижимости в Европе и счетов в офшоре, что жёны ваши рожают в Рязани, а дети учатся в Туле.

Но подростки этому уже не умеют верить. Пенсионеры верят куда лучше – потому что их ещё воспитывали как идеалистов: им до сих пор в голову не может поместиться мысль, что воровать можно в таких масштабах. Подросткам в голову может поместиться всё что угодно.

Только они нам про это ничего не говорят.

Говорить – себе дороже.

Взрослые люди нам объяснили недавно, что всё решает суд. Пока наш самый независимый в мире суд не сказал во всеуслышание, что на наших политических элитариях пробу ставить негде, думать так про них нельзя.

«Потому что у нас не 37-й год», как точно подметил верховный.

Правильно, не 37-й.

Год у нас – 14-й.

ГОСДУМУ НЕ УДЕРЖИШЬ ЗА УЗДУ

Послесловие к закону о брани

Они нас научат как матом ругаться.

Они спасут нашу совесть, нашу речь. Свою они уже не спасли.

Медноголосые патриоты, железноглазые консерваторы и сочувствующие очень серьёзно обсуждают, насколько сильно мы нуждаемся в запрете нецензурной брани.

У меня давно уже нет телевидения в доме, радио я тоже не слушаю, но там что, действительно кто-то ругается матом?

Я встречал табуированную лексику в книгах. Это разные книги, чаще всего очень хорошие – впрочем, плохие я стараюсь не читать.

Ну, вы знаете все эти имена.

У Пушкина Александра Сергеевича очень много табуированной лексики, и далеко не только у раннего.

Наверное, он хуже законотворцев разбирался в языке, когда в классическом стихотворении «Телега жизни» писал:

С утра садимся мы в телегу;
Мы рады голову сломать
И, презирая лень и негу,
Кричим: пошёл!.. ***** ****.

Срифмуете по матери, или надо подсказывать?

Нецензурная брань есть у Сергея Есенина.

В каждом томе «Тихого Дона» есть несколько матерных слов.

И даже у Льва Толстого встречаются нелитературные выражения.

Только не надо говорить, что «классики не этим нам дороги». Потому что сначала «не этим», затем «не тем», потом выяснится, что Дубровский призывает к бунту, «Герой нашего времени» — к блуду, «Казаки» Толстого недостаточно политкорректны, а его же «Хаджи-Мурат» оправдывает терроризм.

Принимающим законы все эти сочинители вообще ничем не дороги, потому что они их не читают.

А тем, кто их читает, — они дороги всем. Там всякое слово стоит на своём месте, и не лезьте своими глупыми руками к этим словам.

Я безусловный противник огульного использования нецензурной брани. Никому из нас это чести не делает.

Но есть такая штука, которая называется «искусство». Искусство всегда работает на опасных территориях. Бывает так, что, расширяя пространство воздействия, оно преодолевает те или иные табу.

«Гаргантюа и Пантагрюэль» Рабле вслух читать детям не стоит. Зато депутатам как раз надо бы эту книжку почитать, прямо на заседании, — там про них многое сказано.

«Приключения Гулливера» в неадаптированном виде тоже детям в руки не дашь. Опять же потому, что там слишком много понаписано про наших депутатов.

Русские народные сказки — это просто тихий ужас. Многие пословицы, поговорки и частушки — тоже.

Мне сегодня между ног
Как-то очень весело.
Это милка мне на х**
Бубенцы навесила!

Вся Госдума вместе одной такой частушки не сочинит.

Зато про саму Госдуму уже частушки сочинили, заранее, — русский народ прозорлив:

Машинисту поезда
Ночью снилася пи**а.
То и впрямь была пи**а
Для всего для поезда.

«Этот поезд в огне», — пел в своё время Борис Гребенщиков, как ни странно, по тому же поводу. У него тоже есть нецензурные песни.

Страшно представить, что снится многим половым извращенцам всех мастей, единогласным зомби с кроличьими глазами, принимающим свои законы.

Пошлость страшнее матерной брани.

Когда Есенин в своём классическом стихотворении «Исповедь хулигана» писал: «...мне сегодня хочется очень из окошка луну обоссать» – он бичевал пошлость. Грубое слово в руках поэта – это плеть.

Вам ли, любящим баб да блюда,
жизнь отдавать в угоду?!
Я лучше в баре блядям буду
подавать ананасную воду.

Это Маяковский. Это надо написать огромными буквами на транспаранте и развернуть возле Госдумы.

Государственная дума РФ не знает разницы между нецензурной бранью и пошлостью.

Потому что она сама – пошлость.

Она не чувствует свой запах, она не в состоянии рассмотреть своё отражение в зеркале.

Ханжество людей, ворующих и вывозящих из страны миллиарды, презирающих тот самый народ, во имя которого они принимают свои законы, убивает.

Новый закон – он что, запретит программы Малахова? Нет, зачем же, там не ругаются матом. Там просто подсматривают в замочную скважину и планомерно убивают человеческое достоинство.

Закон не тронет шоу экстрасенсов – нет причины. Не погубит ни один бредовый сериал. Не коснётся прочего рвотного телевизионного мракобесия – а зачем?

Зато в фильме Киры Муратовой есть нецензурная брань, вот его нам не надо. Муратова не Муратова, а духовность нашу не тронь.

Новый закон позволит завернуть в целлофан книги Лимонова и книги Пелевина. Стихи Льва Лосева и Юрия Кублановского. «Прокляты и убиты» Виктора Астафьева. «Двое» Юрия Бондарева. «Господин Гексоген» Александра Проханова. «ЖД» и «Квартал» Дмитрия Быкова. Да мало ли кого, сто имён можно привести.

Я знаю голоса тех, кто скажет: а нам этого и не надо, мы и без этого проживём: Лимонов, Муратова, Ларс фон Триер, Тарантино, Генри Миллер, Чарльз Буковски – кто эти люди, к чёрту их.

Проживёте, и ладно, я ж не с вами разговариваю.

В целлофан нужно будет завернуть песни Егора Летова.

Он как раз вопил о том, что пошлость обступает, норовит сесть на грудь и задушить.

Зато глубокомысленные песни Валерия Леонтьева и всей младой поп-скок нечисти, раскрашенных двуполых очаровашек, – не нужно заворачивать в целлофан, там всё в порядке.

Александра Башлачёва придётся изолировать. «МашнинБэнд» издавать только подпольно. «Запрещённые барабанщики» никогда не споют прекрасную строчку про то, что «...мы вам покажем Бородино, и Жана, бля, Поля, бля, Бельмондо».

Но ничего не случится с Михайловым Стасом и даже со всем контентом «Радио Шансон»: на «Радио Шансон» не ругаются матом, потому что это не по понятиям.

Госдума делает вид, что она живёт по понятиям. Хотя на самом деле она давно живёт по беспределу.

Противоядие всему этому можно искать только в самой культуре — в том пространстве, где пошлости места нет.

Жизнь, как коня, держи за узду,
не охай и не ахай.
Если тебя посылают в п***у,
посылай всех на х*й.

Это Сергей Есенин, из стихов «на случай».
Вот как раз подходящий случай подвернулся.
Услышали, куда вам идти? Следуйте.

ИНОГДА ЛУЧШЕ ПЕТЬ, ЧЕМ ГОВОРИТЬ

Борис Борисыч Гребенщиков заявил, что больше не будет давать интервью.

Все всполошились и начали интерпретировать.

Естественно, все мы любое событие интерпретируем так, чтоб нам самим было понятно и приятно.

Ряд оппозиционно ангажированных интерпретаторов сказали, что время у нас такое на дворе: и молчать нехорошо, и говорить боязно. Но ввиду того, что Борис Борисыч в силу своего буддийско-православного смирения не имеет желания прямо и горестно осуждать власть, он выбрал помолчать.

Все эти интерпретации корнями уходят в древние времена, когда русский рок-н-ролл якобы не на жизнь, а на смерть бился с проклятой советской властью. Власть отвечала рок-н-роллу взаимностью, устраивая повсеместную травлю непримиримым бойцам рок-н-ролла, – но те выстояли и победили. И принесли нам свободу на своих крылах.

Мифу этому уже четверть века – и он, знаете ли, прижился до такой степени, что отдельные бойцы рок-н-ролла сами в него поверили.

Между тем реальное положение дел никак или почти никак не соответствует тому, что мы тут все напридумывали.

Читал тут в «Огоньке» сорок тысяч раз пересказанную историю о том, как после скандального выступления на фестивале «Тбилиси–1980» «Аквариум» обвинили во всех смертных грехах, 27-летнего Борю Гребенщикова исключили из комсомола и приготовились расстреливать. «Группа была запрещена. Травля закончилась только в 1987 году», – пишет журнал.

Нам всё время забывают рассказать, что Борю Гребенщикова сначала исключили из комсомола, а потом восстановили, и он даже не противился этому. Мало того, уже в 1981 году его впервые показали по телевизору – по самому настоящему советскому телевизору! И он пел нам с голубых экранов. Группа непрестанно выступала (с некоторым – впрочем, не критическим – перерывом на андроповский заморозок). В конце 1983-го «Аквариум», обогнав группу «Земляне», был назван в тройке лучших советских групп по результатам первого в советской практике опроса экспертов, проведённого газетой «Московский комсомолец». В 1984-м в том же опросе «Аквариум» занял уже второе место.

В том же 1984-м (махровый застой!) группа принимает участие в программе «Музыкальный ринг» на ленинградском телевидении, а в 1986 году – снимается там во второй раз.

Ещё в первой половине восьмидесятых музыка «запрещённого», «затравленного» и «находящегося в подполье» «Аквариума» звучит в нескольких спектаклях и кинофильмах.

О таком «подполье» нынче 99% музыкантов и мечтать не смеют.

В 1985 году Гребенщиков на полном серьёзе мог сказать в интервью (интервью у него периодически появлялись в прессе с 1974 года): «Всем достигнутым мною я обязан советской власти».

Думать, конечно, при этом он мог что угодно – но говорил же ведь, никто за язык не тянул.

Но самое главное: в песнях «Аквариума» и в помине не было никакого протеста. До 1986 года у них была одна злая песня – «Немое кино»:

> Панки любят грязь, а хиппи – цветы,
> и тех, и других берут менты.
> Ты можешь жить любя, ты можешь жить грубя,
> но если ты не мент – возьмут и тебя.

В 1986 появилась вторая – «Козлы», в которой, впрочем, содержался любопытный наезд на подступающую демократизацию:

> В кружке «Унылые руки»
> всё говорят, как есть.
> Но кому от этого радость,
> кому от этого честь?

И, наконец, в 1987 году прогремел всем известный «Полковник Васин».

На этом вклад группы «Аквариум» в буржуазно-демократическую революцию закончился. Остальные пятьсот песен Бориса Гребенщикова посвящены куда более важным и умным вещам.

Хотя что мы о БГ да о БГ.

И Виктор Робертович Цой – тоже, вопреки всеобщему мнению, никогда не протестовал, и вплоть до «Группы крови» (р-р-революционный альбом 1988 года) пел своим самурайским голосом в основном мирную любовную лирику.

Самая протестная песня «Кино» той эпохи – «Мы хотим танцевать!».

И Майк Науменко, и «АукцЫон», и «Воскресение», и «Машина времени», и «Секрет», и «Калинов мост», и «Ва-Банкъ», и «Бригада С», и «Хроноп», и «Нау» – кого ни возьми из них, сразу увидишь, что весь протест любой из перечисленных групп заключался в умеренной асоциальности лирического героя. Или – в неумеренной, как у группы «Ноль». Но не более того!

Понятно, что встроить в советскую матрицу «Гражданскую оборону» не удалось бы никогда (как будто Летова после 1991 года нам часто показывали!) – но все остальные, не рухни страна в одночасье, понемногу перебрались бы под самые софиты советской, прости господи, эстрады, и ничего б не случилось.

В 1987 году, конечно, всё поменялось – все стали такими бунтарями, что туши свет.

«Мы перемещались со стадиона на стадион с таким видом, как будто лично отменили советскую власть», — иронизировал по этому поводу сам Борис Борисович.

Он-то иронизировал, а многие его собратья по ремеслу — вовсе нет.

В запале революционности наши рок-идолы не заметили, что степень их влияния на государственные процессы бессовестно преувеличена ими же самими, и не увидели, как на смену скучным и медленным советским бюрократам пришли настоящие циничные чудовища новой формации.

Когда в 1991 году Константин Кинчев в компании коллег пел

> Товарищи в кабинетах
> заливают щеками стол:
> им опять за обедом стал костью в горле
> очередной рок-н-ролл,

— это было чистой воды блефом. Новоявленные дельцы от политики щёки к тому моменту накормить ещё не успели, зато аппетиты имели настолько грандиозные, что никакой рок-н-ролл их напугать не мог точно. Плевать они хотели на любое пение.

С тех пор третий десяток лет многие из нас смотрят с потаённой надеждой на рок-идолов: ведь если они когда-то смогли снести одну постылую власть — почему бы им не сделать то же самое с другой, не менее противной?

Никто не хочет себе признаться, что мы всё это придумали за них, о них и для них.

Как тот же Борис Борисович пел ещё в середине восьмидесятых: «Всё, что я хотел, — я хотел петь».

Всё, что они хотели, — петь. Вот и поют.

В конце концов, Борис Борисович ценен не своими интервью.

А тем, к примеру, что он неведомо как исхитряется проговаривать самые важные вещи задолго до того момента, когда мы оказываемся в силах их понять.

В 1981 году на альбоме «Треугольник» появилась странная (а у БГ все они странные) песня «Миша из города скрипящих статуй».

Кто откроет дверь, бесстрашный, как пёс?
...Увенчанный крапивой и листьями роз –
Миша из города скрипящих статуй.

С полночными зубами, славный, как слон,
Царапающий лбом скрижали времён;
Стоять столбом – это движется он,
Миша из города скрипящих статуй.

Этот Миша, будь неладны все его дела, и двигаться ещё никуда не собирался по нашему городу скрипящих статуй, пятнистый лоб его ещё не коснулся скрижалей наших времён, до его прихода оставалось четыре года – а молодой питерский бард уже пропел свою песню.

Спустя десять лет, в 1991 году, когда всякая тварь считала своим долгом говорить про «Россию – вековечную рабу» и населяющих её «русских рабов», неспособных ни к работе, ни к труду, Гребенщиков сочиняет «Русский альбом» – преисполненную пронзительной печали пластинку об исходе прекрасного народа, спасти который может только божественное чудо.

«Русский альбом» был оглушительно нежданным, потому что за предыдущие без малого двадцать лет слово «русский» в песнях «Аквариума» не встречалось ни разу.

Спустя ещё десять лет, когда мы готовились вступать в тучные нулевые, зачарованные новым постояльцем Кремля, Борис Борисович записывает пластинку «Сестра Хаос» — девять псалмов о том, что внутри всей этой благости зреет неизбежный хаос:

По улицам провинции метёт суховей,
Моя Родина, как свинья, жрёт своих сыновей...

И если нам и показалось, что всё пошло на поправку, то лишь потому, что «...падающим в лифте с каждой секундой становится легче».

А в 2011 году в очередном провидческом альбоме «Архангельск» он сообщил нам: «Мы выходим по приборам на великую глушь...» (Но что характерно: «...назад в Архангельск»! Глушь нас несколько пугает, а вот «назад в Архангельск» — отчего бы и нет?)

Поэтому какие ещё интервью.

Не надо никаких интервью.

У нас и так всё есть.

Идём дальше по приборам.

Сквозь суховей по городу скрипящих статуй в ожидании государыни, которая нас пожалеет, и бурлака, который снимет с места нашу ржавую баржу.

ВЫЦВЕТШЕЕ ПЯТНО НА МЕСТЕ ПОРТРЕТА

Городок наш тихий, с ветхими заборами, выцветшими прудами и огородами, сразу выдающими степень работоспособности хозяев.

Именуется он Скопин, я там родился — в местном, крашенном в жёлтый цвет роддоме.

На самой окраине этого городка сельской своей жизнью жили мои бабушка и дедушка: они держали богатый двор, много птицы и неизменно голов десять разнообразной скотины — от коров и поросят до кроликов.

Расти среди этого зверинца, ежеутренне наблюдая быт и повадки разнообразных мохнатых душ, было чудесно. Тот опыт натуралиста мне пригождается по сей день.

Отдельный интерес представлял центр городка с каруселями, магазином детской игрушки и памятником маршалу Бирюзову Сергею Семёновичу.

Мальчики любят всё военное, поэтому строгий профиль Бирюзова всегда вызывал у меня почтение и лёгкий трепет.

Уже позже я узнал, что если кто и имел шанс распылить к чертям нашу планету – так это Бирюзов, потому что он был главный командир во время Карибского кризиса, когда СССР и США едва не начали Третью мировую. Бирюзов находился на Кубе – и, пойди ситуация иначе, именно он бы и запустил первую ракету куда-нибудь в Нью-Йорк. Наш, скопинский, я с ним на соседней койке родился... правда, чуть позже.

В ста метрах от нашего дома стоял другой, скромный домишко, в котором провёл детство ещё один наш земляк – композитор Анатолий Григорьевич Новиков. Вы его наверняка знаете, потому что он сочинил и «Эх, дороги, пыль да туман», и «Смуглянку-молдаванку», и ещё десяток волшебных песен, которое споют хором на любом русском застолье.

Кстати, и песню «Вива, Куба» тоже он сочинил – что-то, видимо, тянет наших скопинских в те края.

Третий наш земляк – режиссёр Иван Лукинский, один из самых знаменитых советских кинематографистов, фильмы его посмотрело миллионов сто человек, потому что он поставил «Чук и Гек», и «Солдат Иван Бровкин», и «Деревенский детектив» – советские люди отлично помнят эти картины.

Нельзя не упомянуть драматурга Александра Афиногенова, которого очень любил (и лично цензурировал, и потом едва не уморил) товарищ Сталин. Его пьесы шли по всей стране – была, к примеру, такая штука, как «Страх» (1931), в которой, не поверите, впервые зашла речь о репрессиях. Ещё была прекрасная пьеса «Машенька», которую только в шестидесятых сыграли на сцене 3036 раз, а потом ещё и кино сняли по ней.

Афиногенов тоже, значит, с соседней койки нашего жёлтого роддома.

Если вы когда-нибудь видели фильм «Адъютант его превосходительства» с Юрием Соломиным, — то прототип его героя, личный адъютант Командующего Белой Добровольческой армией Май-Маевского Павел Макаров — тоже из Скопина. Макаров в своё время написал книгу воспоминаний «Адъютант Май-Маевского», которая послужила основой и для фильма, и для других книг, и для театральных постановок. В общем, человек-легенда и не последняя составляющая в героической мифологии советской власти.

Один из умнейших людей России, философ, физик и богослов, переводчик и исследователь Джойса, издатель Павла Флоренского и Сергея Булгакова, академик РАЕН Сергей Хоружий — тоже наш, скопинский.

Говорят, что он впервые систематически изложил алгебраическую аксиоматику релятивистской квантовой теории. Я в этом ничего не понимаю, но звучит всё равно убедительно.

Обычно на любой российский городок хватает одного, ну, пары знаменитых земляков: Скопин же, как мы видим, место немного аномальное, потому что, как ни странно, я тут ещё не всех назвал. К Скопину имели прямое отношение ещё как минимум два писателя-натуралиста, несколько советских актёров и ещё пара художников. Бабушка певицы Людмилы Зыкиной, раз уж на то пошло, тоже наша — и сама Зыкина на свои скопинские корни ссылалась не раз.

Мы недавно сидели за одним столом с человеком по имени Владимир Дель — руководителем театра «Предел» и одним из лучших театральных режиссёров в России, тоже, естественно, из Скопина родом: а откуда же ещё.

В компании с нами были два молодых, но уже прекрасных московских актёра — Роман Данилин и Михаил Сиворин. Наверное, даже не стоит пояснять, где они оба родились, а то вам надоест читать про жёлтый роддом. Мы все — Дель, Сиворин и Данилин — не так давно поставили один спектакль по моей повести — такой вот у нас скопинский подряд, жаль, композитора Новикова нельзя подтянуть... но дело, в общем, не в этом.

Сидели мы за столом и в шутку представили, как в нашем родном городе на центральной площади решили установить памятник, ну, или два памятника каким-нибудь знаменитым скопинцам, — чтоб, к примеру, хвастаться перед туристами.

В процессе этой работы скопинские власти быстро осознают, что памятников в центре должно быть не один или два, а десятка как минимум полтора. Что, естественно, поставит в сложное и даже катастрофическое положение местный бюджет.

...впрочем, до недавнего времени вопрос о конкуренции между уроженцами Скопина фактически не стоял.

У всех выше перечисленных мной товарищей был всего один, так сказать, конкурент — но очень убедительный. По имени Владислав Сурков.

Если кто не в курсе, придётся заметить, что до недавнего времени Сурков был ключевым персонажем современной российской политической элиты. Бытовало мнение, что, собственно, он создал и саму российскую внутреннюю политику, в том виде, в котором мы её знаем. И «суверенную демократию», которая подменяет нам национальную идею, тоже придумал он.

Характерно, что Сурков не из нашего роддома — родился он не в Скопине, зато жил тут с пяти лет, учился в скопинской школе, отсюда ушёл в армию... и так далее, и тому подобное, ровно до того момента, пока скопинская родня на обнаружила своего Славика в телевизоре, в должности замглавы администрации президента всея Руси.

В телевизоре и в должности его обнаружила не только родня, но и местная администрация, которая, кажется, быстро поняла, кому всё-таки они поставят памятник, возможно, даже при жизни.

Представители низовых структур власти всегда твёрдо отдают себе отчёт, что власть как таковая — это лучший писатель, лучший художник, лучший режиссёр, лучший человек и лучший пароход.

Поэтому в центральной скопинской школе достаточно скоро сложился настоящий культ Владислава Суркова — музей они открыть ещё не успели, но красные уголки оформили, портреты на самых видных местах расклеили, создали должную атмосферу благостности и чинопочитания и всячески её поддерживали.

Руководитель аппарата Правительства Российской Федерации (а именно эта должность стала высшей точкой карьеры Суркова) — это вам не

«Смуглянка-молдаванка» и «Солдат Иван Бровкин»! В нашем российском человеческом зверинце... ну, ладно — в нашем пантеоне такие регалии действуют просто завораживающе.

...и тут случилось непредвиденное.

Пока ещё не самое страшное, но...

В общем, Владислав Сурков прилюдно, не стесняясь, начал спорить с самим президентом и в итоге был разом уволен со всех своих постов. У нас это называется «ушёл по собственному желанию».

Что там теперь делают в школьном музее, я не знаю, хотя догадываюсь.

Ходят какие-то мрачные слухи о связях Владислава Суркова с оппозицией. Список желающих предъявить ему претензии за его долгую и успешную кукловодческую деятельность — просто огромен. И если наш самый главный и венценосный не даст сигнал оставить бывшего подчинённого в покое — то ведь могут и не оставить.

А сигнала-то всё нет и нет!

Думаю, пьеса нашего земляка Афиногенова под названием «Страх» снова становится кое для кого актуальной.

С пронзительным лирическим чувством представляю я, как в самое ближайшее время наведаются в школу местные руководители — вполне возможно, что не только скопинские, но и повыше рангом, областные. Дети — наше будущее, сами понимаете, надо всесторонне способствовать и следить за их обучением, а то мало ли что.

Пройдут они раз всей делегацией мимо красного уголка, пройдут два. Потом, наконец, самый главный, с самой крепкой и красной шеей, скажет:

— Что-то, кажется, краска немного облупилась тут, да? Да и полы поистёрлись. Надо бы выделить средства на ремонт. Капитальный ремонт! Подготовьте бумаги, пожалуйста...

И, уже уходя, бросит:

— А экспозицию уберите, пожалуйста. Чтоб не запачкалась. Куда-нибудь подальше уберите.

Нисколько не удивлюсь, если нафантазированная мной картинка уже воплотилась в действительность, и на месте, где висели портреты Суркова, теперь большие, выцветшие квадратные пятна.

Что ж, мы тут вам подробно перечислили, чей портрет можно повесить на то же самое место: композитора Новикова, режиссёра Лукинского, философа Хоружего — а то до них-то руки никак не доходили. Маршал, опять же, Бирюзов подходит. Адъютант, чекист и партизан Макаров. Красивые ведь люди все, достойные.

...хотя и Суркова можете далеко не убирать. Он неплохие романы пишет. Потом можно будет какой-нибудь портрет вернуть на место. Один.

СЧИТАЛОЧКА

Я смеюсь, умираю от смеха:
Как поверили этому бреду?!
Не волнуйтесь – я не уехал,
И не надейтесь – я не уеду!

В.Высоцкий

Захар Прилепин передвигается по Москве на машине с мигалкой. Литературную биографию Захара Прилепина построил Владислав Сурков, они сводные братья. Захар Прилепин был сотрудником ФСБ. Захар Прилепин никогда не работал в ОМОНе, а в Чечне вообще не был. Захар Прилепин – законченный ксенофоб и организатор погромов. Захар Прилепин не русский, настоящая его фамилия Захарович, зовут Изя.

Ещё он не читал Троцкого и Радзинского, кошмар.

Он не живёт в своей деревне в лесу, всё враньё. Живёт в Москве, в шестикомнатной ведомственной квартире, он сложившийся буржуа с колодой кредитных карточек. Он получает зарплату в Кремле – у него отдельная ставка за борьбу с пресвятой идеей либерализма. Прилепин – бывший нацбол, но ушёл из партии, как только стал получать свои огромные гонорары. Впрочем, он вообще не нацбол: «...мы не знаем, – многозначительно сообщают либеральные дамы, – где он был десять лет назад, уж точно не в оппозиции».

«Его всё чаще обвиняют в сребролюбии», – объявляют нам в программе Павла Шеремета.

Кто? Кто обвиняет?

Один дурак произносит какую-то глупость в своём ЖЖ (в статье, в телестудии, на кухне). Десять других дураков повторяют это с некоторым, хорошо заметным, сладострастием.

Наверное, я слишком хороший для вас.

...я передвигаюсь по Москве на метро.

Недавно молодой человек в районе 6 утра долго рассматривал меня в забегаловке московской подземки, завтракающего сосиской, на конечной станции самой длинной ветки. Потом подошёл, спросил, а что я тут делаю. Какао пью, что.

Позавчера я ночевал в студенческом хостеле на Белорусской за 2,5 тысячи рублей ночь. Гостиница – это дорого. Ещё чаще я ночую у друзей. Это – дёшево.

Надо один раз объясниться, наверное. Едва ли вас это сподобит заткнуться, но я всё-таки скажу пару слов, не всё вам одним разговаривать.

Журналист Губин в «Огоньке» пишет про мои кредитные карточки и доходы. Дима, вы что, видели мои карточки? Вы в налоговой работаете? С вами вообще всё в порядке?

У кого-нибудь из тех, кто говорит про моё сребролюбие, есть четыре ребёнка от одной жены? Поднимите руки, товарищи.

Я работаю на пяти работах и едва свожу концы с концами в вашем чудесном мире, где в целом платить за литературную деятельность вообще не принято, у нас же не тоталитаризм какой-то. «У писателя должна быть нормальная профессия», – учили нас мои нынешние оппоненты двадцать лет подряд. Теперь у меня куча профессий, но я так и не накопил себе на квартиру, я живу в долг, и долги мои необъятны.

(Поясним в скобках: я не жалуюсь, я хвалюсь.)

Накоплений у меня нет. Если вдруг на меня упадёт кирпич – моя семья будет голодать в буквальном смысле. Вы спрашиваете, почему я не люблю капитализм и либералов? А почему я должен их любить? Двадцать лет они объясняли нам, что государство нам ничего не должно («работай, а не жалуйся, лузер»), и только последние два года стали говорить, что они этого не говорили. За кого они нас принимают? Вы думаете, тут у всех амнезия?

Суркова я видел один раз в жизни, в присутствии ещё десяти писателей, и мы разговаривали с ним одну минуту. Кто-то из людей, которые бегают из ЖЖ в ЖЖ с благой вестью о его всесилии и покровительстве, сможет объяснить, почему господин Дубовицкий сам себя не сделал литературной звездой? С такими-то возможностями?

Как Сурков организовал переводы моих книг на два десятка языков, тоже никто не объяснит. Видимо, он тайный председатель земного шара и манипулятор мирового книжного рынка.

Что вам ещё рассказать, мои любезные?

Я живу в маленькой деревне в лесу. Зарплату я получаю в тех оппозиционных СМИ, в которых тружусь.

Фамилия моя Прилепин, мои родители – рязанские и липецкие крестьяне, Прилепины и Нисифоровы.

На полях этого вопроса стоит заметить, что русские как бы патриоты из подпола ЦДЛ, а также из онанистских сект, где собираются упыри с горящей свастикой во лбу, втайне думают, что они заодно с Достоевским и Есениным, потому что те тоже писали «про евреев». Неопрятные люди из подполья никак не поймут, что в череде мыслей Достоевского и Есенина мысль «про евреев» было 99-я, а в их головах эта мысль – первая, и зачастую единственная.

Видимо, я не всегда похож на среднестатистического русского из подпола ЦДЛ. В самолётах российских авиалиний стюардессы часто заговаривают со мной по-английски, а потом смеются, что не узнали соотечественника. В Чечне на рынке чеченка-торговка приняла меня за чеченца и раздражённо заговорила со мной по-чеченски (рядом был переводчик с чеченского, русский, – и он сказал, что она ругает меня за то, что я связался с федералами).

Нормально.

Но факт остаётся фактом.

Движемся дальше.

Я работал в ОМОНе с 1996 по 1999 год и провёл на Кавказе весну 1996-го и лето-осень 1999 года. Я награждён медалью и двумя знаками отличия. На моём сайте есть фильм «Захар», куда вмонтировано минут пятнадцать архивных съёмок – Грозный, 1996 год, март, апрель, май; можете посмотреть на меня.

Но нет, Гоша Свинаренко в «Газете.ру» сообщает, что ему сказали, что меня там не было. «Впрочем, это неважно», – примирительно роняет Свинаренко. Гоша, а мне сказали, что ты украл серебряные ложечки в доме друзей и, не найдя туалета, справил малую нужду в раковину на кухне, прямо в посуду, а потом, собственно, и забрал оттуда сырые ложечки, но это тоже неважно. Или важно? Иначе с какого перепугу ты носишь по миру и множишь всякий бред?

Первый антилиберальный митинг, на который я попал, случился в 1991 году. Я знаком с Лимоновым с 1996 года, состою в Национал-большевистской партии с 1999 года и никогда оттуда не выходил. В «нулевые» я сам провёл десятки митингов и в сотне участвовал.

Я был в оппозиции тогда, когда большинство нынешних оппозиционеров там вообще не стояло и 9/10 нынешних белоленточников считало, что в стране всё нормально, а бунтуют только красно-коричневые неудачники и мудаки. Между тем Россия в девяностые годы была ровно тем же, что и сегодня, – мутной страной с криминальными миллиардерами, фальсификациями выборов, политическими заключёнными и выборочной туполобой цензурой. Но тогда нынешних либеральных витий в целом всё устраивало.

Мы с товарищами обрадовались, что вы пришли в оппозицию, но никто и подумать не мог, что вы придёте в неё с таким видом, словно вы открыли Америку. Открыли её не вы – мы с детства живём в этих джунглях, ребята.

Нет смысла сводить счёты, скажут мне. А смысл их не сводить – есть?

На днях на шумной писательской пьянке один белый гусь рассказывал прилюдно, что он вызвал меня на дуэль и убил вот этими самыми руками. И показывал свои корявые пальцы. Милый вася, или как тебя там, рассказывай свои поллюционные сны своей супруге. Что про тебя известно — так это то, что ты был прилюдно послан мной нахуй, после чего молча утёрся, быстро, в своей манере, помаргивая.

...А, забыл. Я читал Троцкого и Радзинского ещё в юности. Первый мне интересен больше второго.

Но если мои либеральные оппоненты в лице, скажем, человека с фамилией, похожей на собачий лай, так любящего рассказывать о моём невежестве, попросят меня составить им список из книг, которых они не читали — а стоило бы! — этот список будет огромен.

Но они не попросят. Знание их и без того огромно и всеобъемлюще. Суть их знания заключается в том, что они — вершина пищевой цепочки и непобедимая аристократия духа. Ставящий это под сомнение должен быть съеден.

Ходить за вами за всеми с совком — занятие, что и говорить, скучное. Эта колонка могла быть в двадцать пять раз больше. Обойдёмся этим объёмом.

Наверное, вам хочется причинить мне неприятности. Наверное, я слишком хороший для вас и на моём фоне вы чувствуете себя ущербно.

Быть может, вам хочется меня укусить.

Укусите себя за яйца, любезные оппоненты.

Хотя откуда им у вас взяться.

НА ФОНЕ ЕВРОПЫ ЧУВСТВУЮ СЕБЯ ВСЁ ЛУЧШЕ

Путешествовать полезно не только потому, что мир удивителен и местами прекрасен.

Путешествия, если у тебя глаза открыты, помогают избавиться от многих иллюзий.

Одна из иллюзий, характерных для России, заключается в том, что европейцы кажутся многим из нас людьми более высокого качества. Европейцы умнее, доброжелательней, улыбчивей, достаток у них несравненно выше, вкус — лучше, и уж точно они свободнее, оттого что не ведали нашего векового рабства (кавычки вокруг «векового рабства» — по желанию).

Внешне Европа действительно выглядит куда более благоустроенной — ну, естественно, та Европа, что находится во Франции, в Швейцарии и в Германии, — и в гораздо меньшей степени та, которая имеет место в Румынии или в Болгарии.

Впрочем, если колесить по Европе на машине – то деревеньки где-нибудь в Альпах, располагающиеся за пределами туристических маршрутов, выглядят уже не столь радужно, как мы ожидаем.

Тенденция к тому, что деревни пустеют и даже сходят на нет вместе с последними жителями, наблюдается не только в России. Да, в России это традиционно выглядит неприглядне́е, страшнее, безысходнее – но тут наша география тоже добавляет колорита. Одно дело – деревня в Альпах, от которой до ближайшего города 15 км, а другое – на Енисее, от которой до ближайшего города – 300 км: сложно не ощутить разницу.

Хотя и многие европейские города тоже с каждым годом теряют свой лоск. Едва ли это можно сказать про Австрию – а вот про Италию уже запросто.

Дома, забывшие о ремонте, и грязные улицы нисколько не удивляют.

Мы тут были на Сицилии почти две недели – там в иных местах депрессия просто в воздухе висит. И у них к тому же действительно имеется мафия – самая настоящая, которая всех пугает, и поэтому полицейские в тех краях выглядят словно в воду опущенные. Я-то думал, это у них кино, – а оказалось: жизнь.

Нищих в Риме, равно как и в Париже, – удивительное количество, как в Москве в эпоху великой демократизации. Вечерами они, расстилая тюфяки и одеяла, укладываются спать, утром встают, завтракают. Они – всюду.

Хотя стоит заметить, что и у нас в России уже произошли некоторые (надеюсь, обратимые) изменения в сознании – когда лишённые крова люди воспринимаются как часть ландшафта, наподобие белочек в парке, — зато вовсе не воспринимаются как признак социального бесправия в стране. Право слово, кто же среди просвещённой публики всерьёз согласится с тем, что во Франции тяжело и трудно, потому что там много нищих? «Это разные вещи», — скажут нам, отмахиваясь.

Нет, не разные.

Натаскать подходящей трескучей статистики в поддержание своей точки зрения несложно: а иначе с чего бы в Англии, в Италии, в Греции и во Франции происходят такие манифестации, которых у нас не было с начала девяностых годов?

Но статистика — лишнее, достаточно смотреть и видеть.

Варшавские кафе вечерами — сплошь и рядом пусты даже в центре: людям не на что веселиться.

Итальянские прохожие не похожи на тех беспечных итальянцев, которых мы видели в послевоенном кино.

Нас уже приучили верить в то, что иностранцы так незатейливо одеваются оттого, что у них не принято носить мини, шпильки, меха и сумочки ценой в гоночный автомобиль. Это в целом правда. Но правда и то, что, если б они захотели одеться (хотя бы шутки ради) как москвички, — у многих из них такой возможности не нашлось бы.

Люди сидят на кредитах, люди не покупают лишнего — книжный рынок, кстати, падает фактически везде, я это давно заметил.

С одной стороны, в Европе есть хорошая привычка экономить в ресторанах и на фуршетах не выкатывать бочки с икрой — с другой стороны, в гостях всё чаще понимаешь, что бюджеты режут всем и всюду, а гостеприимство в России поставлено на куда более широкую ногу.

А французские официанты — весь мир знает французских официантов, всегда лучащихся радостью при виде клиента, — где они? Мы только что провели целую неделю всей семьёй в Париже. О, французские официанты по-прежнему почти безупречны — но то, что все они уставшие, с грустными глазами люди, чей труд оплачивается явно в недостаточной степени, было очевидно даже моим детям.

Ещё десять лет назад я видел совсем других официантов там. Ещё десять лет назад улыбки персонала во французских аэропортах казались куда более беззаботными.

Европа нахмурилась. У Европы сложное настроение. Она ещё помнит свои семидесятые и восьмидесятые — это чудесное время лоска, диско, непрестанного повышения «уровня жизни», сбывающихся надежд и всё новых чаяний.

Порой ещё кажется, что это время может вернуться — но оно ушло, ушло. Умеренно «левые» и «умеренно» правые в Европе давно обыгрывают либералов и прочих прогрессистов, крайне «правые» и крайне «левые» вновь интуитивно чувствуют, что их время подступает, как кровь к горлу. Желающие их прихода в Европе исчисляются миллионами.

Европа уже привыкла относиться к себе исключительно хорошо, она убедила себя, что стала венцом цивилизации — той сладкой виньеткой, которой украшают торт.

Возможно, это было так ещё позавчера. Но дальше всё будет иначе.

Мы в России железной хваткой вцепились в свои иллюзии – нам по-прежнему кажется, что в Европе раздают бесплатные булки с маслом, хотя давно стоит обратить внимание, что половина туристов в любом городе мира – говорят по-русски.

Это мы, на своих недрах, на чёрном нале и на традиционных махинациях, накопили столько денег, что вывозим туда триллионы рублей и тратим безудержно и щедро – внутренне будучи уверены, что они все там живут так же, как мы, только лучше.

Да большинство европейцев и мечтать не смеют о таком отдыхе, который за последнее время позволила себе, навскидку, четверть россиян.

Круг моих знакомых в Британии, Франции или Италии – примерно такой же, как и в России: то, что называется «креативный класс», – молодые политики, журналисты, артисты, рекламщики, писатели, художники, представители других интеллигентских профессий.

В целом, если по средней линии замерять, российский креативный класс обеспеченней, чем их коллеги в самой настоящей Европе – о Прибалтике, Польше или странах бывшей Югославии мы и не говорим даже.

Не то чтоб у наших больше зарплаты – не уверен, что больше (хотя и такое бывает), – тут дело в другом, и разница многослойна: в России у многих имеются бесплатно доставшиеся советские квартиры, а на Западе все поголовно снимают жильё; у нас очень выборочно платят налоги и вступают в иные теневые отношения друг с другом в обход закона в обязательном порядке, на Западе этого нет или почти нет; ну и так далее, ещё десяток подпунктов –

я этот вопрос не изучал, зато отчётливо вижу различия.

Вы скажете, что «креативный класс» не показатель, надо судить по обычным людям.

Конечно, пенсионеры там (в правильной и хорошей Европе, особенно если она скандинавская) живут не в пример нашим, однако люди рабочих профессий так же мыкаются и крутятся по тем же муторным кругам.

Как жаль, что российские граждане читают не очень много хорошей, настоящей, истинной современной европейской литературы.

Вот, к примеру, только что я ознакомился с романом «Неделя в декабре» британского писателя Себастьяна Фолкса — он очень показателен в силу того, что героев там много и занимают они самые разные социальные статусы, от машиниста метро до банкира.

Однако общее чувство после прочтения книги одно: эти люди ничем — то есть вообще ничем! — не отличаются от нас. Те же заботы, та же бессмыслица, тот же уход взрослых людей в интерактивную жизнь, тот же, а может, даже больший ужас от возможности потери работы. Самые радостные и успешные люди там — футболисты, ну так они и у нас не грустят особенно.

Я, когда читаю западную литературу, всё время думаю: а где вот те, самые свободные на земле европейцы, про которых нам все уши прожужжали, напоминая нам про крепостной строй и прочие издержки нашего непреложного авторитаризма?

Никаких признаков хоть какой-то душевной свободы персонажи читаемых мной книг не проявляют. Разве что я заметил, что ни один из героев современной европейской прозы не посещает церковь — но этого для свободы как-то мало. А?

Суждения же этих героев о жизни и поступки их — вполне обычны, если не банальны, мы тоже так живём... а то и повеселее порой.

Или роман итальянского писателя Никколо Амманити «Как велит Бог» — настоятельно рекомендую вам его именно с просветительской целью: чтоб осознать, как живёт современный итальянец. Он живёт точно так же, как ваш сосед по подъезду. Если не хуже.

Едва ли не любого француза можно взять — в том случае, если он пишет реалистическую прозу, — и получить ровно тот же результат.

Немцы? — я имею в виду немецких писателей, — испанцы, турки? Картина та же самая!

Если перенестись за океан, в США, — то великий роман Джонатана Франзена «Поправки» немедленно снимет все вопросы. В центре там американская семья, со всеми её американскими проблемами — я так и не нашёл, чему именно я мог бы позавидовать в их жизни; а вот посочувствовать успел многому.

Догадываюсь, что претензий у некоторых читателей ко мне много, и все раздражённые: вот-де поездил автор этого текста по странам в качестве туриста и смеет тут выдавать свои досужие заметки за истину в последней инстанции. Полноте вам — я как раз даю ссылки на тот вид искусства, который работает именно что с типическими ситуациями и характерами — гораздо в большей степени, чем, например, кино или современный европейский театр, и тем более – живопись. Литература! Литература снимет ваши вопросы.

Тут, впрочем, в сознании российского человека могут возникнуть какие-то аберрации, объяснению не поддающиеся.

Он, к примеру, может прочесть все эти книги – и ещё сто подобных книг, – но останется в искренней уверенности, что написаны они не про настоящих типических европейцев, а про каких-то особенных, крайне редко встречающихся в живой природе жителей Европы.

Без той Европы, которую мы себе намечтали, нам жизнь будет не мила – потому что о чём ещё мечтать.

Никто не спорит, что Австрия, Швейцария, Норвегия и Финляндия живут гораздо лучше нас, – но, во-первых, никогда огромная Россия, даже если её покромсать на сорок кусков, не будет так жить, как эти страны, а во-вторых, боже мой, как же там скучно.

Не-вы-но-си-мо.

Иначе с чего бы в Финляндии начали раздаваться сумасшедшие голоса о необходимости присоединения к России? А с того, что они б сразу ожили, цель бы появилась, страсть к жизни: бороться за свободу.

У меня есть один замечательный знакомый в Австрии, он рассказывает, что завёл себе фейсбук, чтоб делиться с согражданами впечатлениями и удивлениями.

Нашёл себе, говорит он, сотни две товарищей, стал следить за их лентой – и вскоре понял, что так только удавиться можно: какие-то там цветочки в кадках из поста в пост, какие-то скидки, какие-то даже не склоки и не споры, а соседские недоразумения, не стоящие выеденного яйца.

На счастье, мой знакомый знал русский язык и тут же зафрендился к своим товарищам из России, а потом ещё к сотне незнакомых россиян заодно.

«Вот тут жизнь!» — воскликнул он в восхищении.

Потом добавил: «У нас все знающие русский язык — бегут к вам, в вашу жизнь — как вампиры!»

...я знаю, знаю, знаю, что вы хотите сказать в ответ.

Что вас достала вся наша пресловутая метафизика, русская душа, вселенская идея, достоевские страсти, есенинские слёзы, толстовство, чеховская бородка.

Что вы не хотите, чтоб на нас смотрели как на подопытных зверей.

Что вы тоже желаете пожить по-человечески с цветком в кадке и самой большой проблемой в виде 17%-ной скидки, которую вам сделали, не сказав о возможности на скидку в 17,5%.

Нет у меня для вас успокоительного лекарства. Быть может, вам не повезло здесь родиться.

Зато мне — повезло.

Едва ли вы найдёте в себе силы порадоваться тому, что почти всем остальным европейцам и даже американцам будет в ближайшее время так же плохо, как и нам. А кому-то гораздо хуже — потому что они привыкли ко всему хорошему, а мы не очень.

Мы чужой печали радоваться не должны.

Но сообщить вам об этом я посчитал своим долгом.

РУССКИЕ В АНГЛИЙСКИХ ЗЕРКАЛАХ

Британский сочинитель Джонатан Джонс в газете *The Guardian* призвал к полному культурному бойкоту России в связи с событиями на Украине: никто не имеет права приезжать к нам петь, плясать, на дудке играть, пока русские не возьмутся за ум и не перестанут обижать украинцев.

Публикация наделала много шума, её обсуждают с необычайным вдохновением.

Хотя обсуждать тут, собственно, нечего — ситуация эта возникла не вчера, лет ей много.

В не то чтоб новом, но и не очень давнем романе Джулиана Барнса «До того, как она встретила меня» есть такая сцена.

Героиня обрызгала колготки и выругалась: «Твою мать!»

Её муж, удивлённый такой лексикой, спрашивает: «Что бы ты сделала, если бы высадились русские?»

(Естественно, что ещё можно спросить в такой ситуации. Только про русских. В такой ситуации всегда русские приходят на ум.)

Удивительно, но героиню это не особенно удивляет, и она переспрашивает:

«А? Это угроза или обещание?»

Муж отвечает:

«Нет, я про другое: ты выругалась, когда забрызгала свои колготки. Вот я и подумал: что бы ты сказала, если б сломала ногу, или высадились русские, или что-нибудь вроде».

Конец цитаты.

Нет, вы представляете? Англичанин и англичанка рассуждают про «высадку русских» как про какую-то страшную, но, в сущности, возможную и предсказуемую вещь.

Ведь не про «высадку русских берёз» они говорят, верно?

Между прочим, русские вообще никогда не «высаживались» на территории Великобритании.

В то время как англичане, напротив, обстреливали Соловецкий монастырь (сбросили на несчастных монахов несколько тонн бомб), воевали на стороне Оттоманской империи в Крымской войне, в Гражданскую осуществили прямую агрессию и именно что «высадились» совместно с французами в Мурманске и Архангельске, открыв Северный фронт против Москвы. И это ещё не весь список!

Несмотря на всё это, замечательный писатель Джулиан Барнс описывает разговор о «высадке русских» (он вообще видел этих русских хоть раз вблизи?) как нечто простое и обыденное, на грани банальности.

Представляете, как они там к нам относятся?

Помнится, у замечательного английского певца Стинга была песня на ту же самую тему: про то, что русские не будут воевать, потому что они тоже любят своих детей. Песня прекрасная, но звучала так, как если бы она посвящалась волку или медведю, которые никогда не будут нападать на мирный скот, потому что милосердие им, по идее, не должно быть чуждо: они же рожают своих волчат и медвежат – каково волкам и медведям было бы, если б зайцы, антилопы и косули пришли и пожрали их детей? То-то же, заключает Стинг.

На самом деле его песней только детей можно было пугать, она точно никого не могла успокоить во всей Великобритании.

Похоже, ничего с тех пор принципиально не изменилось.

Но после всех военных конфликтов с упомянутой Великобританией, происходивших, ещё раз напомню, на российской земле – когда английские военные осуществляли прямую интервенцию в наши края, – известны ли кому-нибудь случаи, чтоб некий русский писатель описывал сцену, отдалённо напоминающую воспроизведённую мной выше? Мол, скоро «высадятся англичане – о чём запоёшь тогда, подруга?».

А подруга отвечает: «Англичане? Какой ужас. Нет ничего страшней англичан!»

Или, может быть, у нас есть песня на эту тему – не помните? Со словами вроде: «Английские мальчики не хотят убивать нас, потому что любят свой утренний пудинг, приготовленный тёплыми руками матери».

Нет такой песни? Ах, отчего ж? Ведь эти англичане чуть не убили главного русского писателя Льва

Толстого. История России без этого офицера точно была бы другой.

Расстояние от того, как русских изображают в американском кино (ушанка, водка под сиденьем космического корабля, «чёрт, я забыл выключить ядерный реактор», «вся моя родня погибла в ГУЛАГе, но я на крючке КГБ, и могу только мечтать о свободе: как ты думаешь, я смогу добраться вплавь до Англии из Архангельска зимой?»), до того, как их походя представляют лучшие (а Барнс, наверное, самый лучший) современные английские писатели, – на самом деле минимальное.

Грустно, но это так.

Может быть, напрасно русские так хотят выглядеть европейцами – им всё равно никто не верит.

Англичане могут увидеть двух, трёх или пять русских, похожих на европейцев, или даже одну театральную труппу, вполне европейскую, даже лучше, чем европейская, но втайне всё равно будут уверены, что за спинами этих европейских русских, в их холодной стране всегда стоит у забора, обнесённого колючей проволокой, по которой пущен ужасный русский ток, огромная толпа настоящих, а не поддельных русских с ножами в зубах.

Хотя зачем в зубах. Русские зубами перегрызают колючую проволоку и отгрызают горлышки водочных бутылок, а ножи вполне могут переносить в собственном теле.

Наверное, у нас нет шансов стать лучше в глазах Европы.

Нет другого выхода, кроме как соответствовать их представлениям.

Русские должны быть настолько плохие, насколько их считают таковыми.

Дорогой Джулиан. Как писатель писателю я хочу сказать вам, что, если ваша страна не уймётся со своими санкциями, русские обязательно высадятся к вам, сломают ваш кров и затопчут ваши газоны.

И выпьют всё пиво в ваших пабах.

Русские не любят своих детей, не надейтесь. А как они относятся к чужим, вы вообще не представляете.

Помните об этом.

И Стингу передайте.

ДИАГНОЗ, СТАВШИЙ ЭПИТАФИЕЙ

Ещё раз о Березовском

Березовскому надо было остаться в России и сесть в тюрьму.

Ужасно звучит?

Но что поделать: я правда так думаю. Это его спасло бы. Это придало бы ему сил для жизни.

В первый день после известия о смерти Березовского многие мои знакомые и верить не желали в его самоубийство: «...о чём речь, такие себя не убивают».

Теперь ведутся смутные разговоры о том, что его якобы убили. Секретный водяной, пробравшийся в ванную через слив: ледоруб не пролезал, пришлось оставить его в канализационной трубе. Через тот же слив секретный водяной покинул место преступления, забыв чекистский шарфик на полу.

Что до меня, то я с первой минуты был уверен в самоубийстве. Такой финал более чем логичен.

Березовский был как расплавленный металл – он был способен принять любую форму. Его аморальность в каком-то смысле была природной и органичной. Кажется, он не совершал зла из побуждений низменных – его явно восхищал сам процесс участия в такой головокружительной игре, как «русская история». Должность «еврея при царе» его, по собственным словам, вполне устраивала. Он был артист, игрок, фантазёр – и ни разу не был скучным российским бюрократом, озабоченным только своей мошной и сохранением места.

Ему, повторим ещё раз, было мало и бизнеса, и даже политики – он желал соперничать с провидением.

К несчастью, в этой самой русской истории Березовский останется в качестве персонажа весьма сомнительной репутации: патентованный авантюрист и проходимец... я хотел написать ещё – «вор», – но в России тех лет все люди, строившие свой огромный капитал и обитавшие неподалёку от власти, брали общее – и делали его своим. Все поголовно.

Однако в отличие от многих и многих Березовский не только обеспечивал себе личное благоденствие – к любой деятельности он подходил с мушкетёрским шиком. За ним было интересно наблюдать.

Для начала: он был безусловно широким и щедрым человеком. Об этом говорят десятки, если не сотни вполне приличных людей, которым я доверяю.

В 1991 году, когда его коллеги по распилу СССР изо всех сил чахли над своим златом, он уже создал премию «Триумф», которую получали реально лучшие российские поэты, музыканты, художники, балерины и режиссёры – посмотрите списки лауреатов, там, как на подбор, ни одного случайного имени. С художественным вкусом у Березовского точно было всё в порядке.

Моей замкнувшейся судьбы
Круги без квадратур.
Любые «если» и «кабы»
Ведут на новый тур.

Порывы ветра в сотни флейт,
И дождь стучит в окно.
Between the iron gates of fate
Другого не дано.

Говорят, эти стихи принадлежат ему. Скорей всего, это неправда – близко знавшие Березовского уверяют, что он никаких стихов не писал. Но в данном случае мы имеем дело с ложью, которая правды и симпатичней, и важней. Если даже не писал – мог бы написать.

Говорят, Березовский выкупил на свои деньги огромное количество заложников, содержащихся в Чечне, – и потратил на это до 30 млн долларов. Правда, на эти деньги бравые чеченские ребята покупали много оружия и стреляли из него в моих соотечественников; но тут ведь никто не знает, как лучше. Березовский выбрал спасать заложников.

Говорят, Березовский подарил двоюродному брату британской королевы, принцу Майклу, находившемуся в затруднительном положении, для оплаты аренды Кенсингтонского дворца 320 000 фунтов стерлингов. Жест, безусловно, необязательный, зато звучит красиво — «выручил брата королевы». Это всё тоже мушкетёрское.

Говорят, Березовский был единственным богатым человеком, который после трагедии в Кармадонском ущелье — где лавиной накрыло съёмочную группу культового русского кинематографиста Сергея Бодрова — без промедления, буквально в тот же день выписал очень, очень серьёзную сумму на поиски пропавших без вести. Остальные толстосумы закатили глаза к небу и сказали: «На всё воля Твоя!» Но Борис Абрамович, как мы помним, предпочитал думать, что на всё воля — его.

Он дерзал и дерзил.

Вид у него всё время был такой, словно он только что понюхал кокаина; или как минимум не спал три ночи, но выпил триста грамм отличного коньяка — и вот уже на сцене. Сейчас закончит свою саркастическую, нервозную речь, расправит хрящеватые чёрные крылья — и вылетит в окно.

При иных обстоятельствах он мог быть кем угодно. В советской, сталинских времён политической элите было множество схожих персонажей: с одной стороны, имелись железные наркомы с железными лбами и железными челюстями, а с другой — подобного рода игроки и артисты с горячечными глазами, впалыми щеками холериков и неуёмной энергией: руководители полярных экспедиций, создатели одной из сильнейших мировых разведок и сложнейших конспиративных и шифровальных систем, ну и организаторы лагерей тоже: скажем, Беломорканала.

Я к тому, что никаких определённых политических взглядов у Березовского не было. В последние годы жизни он собирался строить в России конституционную монархию, предварительно устроив политический переворот. В СССР – был членом КПСС и вполне серьёзно к этому относился. В постсоветской России – одним из выдающихся деятелей либерально-буржуазной формации, со всей сопутствующей российской спецификой в виде перманентного отстрела конкурентов, скупки СМИ и политиков оптом и в розницу: в этом смысле они с Ходорковским схожи до смешения. Однако, совершись в России новый «левый» поворот – и даже радикально «левый» поворот, – Березовский тут же нашёл бы себе занятие в образовавшейся среде. Какое угодно – в конце концов, перед нами, на минуточку, доктор технических наук, автор более ста научных работ и монографий («Бинарные отношения в многокритериальной оптимизации», «Многокритериальная оптимизация: математические аспекты» – оцените одни только названия), награждённый ещё в СССР, на заре туманной юности, премией Ленинского комсомола – у нас такие штуки просто так не раздавали, основатель Международного научного фонда и член-корреспондент Российской академии наук – то есть настоящий, высшего класса учёный. А то в России стали как-то об этом забывать.

Его беда, что громокипящие, в чём-то удивительные, в чём-то позорные девяностые в России сменились «нулевыми» – не левыми, не правыми, а квазистабильными и в целом скучными до остекленения глаз.

Ему-то поначалу было совсем не скучно.

«Поймай меня, если сможешь» (есть такое кино) – это, конечно, про Бориса Березовского в не меньшей степени, чем про любого «великого комбинатора» и гениального махинатора. С 1999 года против него ведётся следствие прокуратурой Швейцарии по обвинениям в мошенничестве и отмывании денег. В России он с 2001 года находился в федеральном розыске по обвинению во всё том же мошенничестве, всё том же отмывании денег, а также в попытке насильственного захвата власти. Ордер на его арест был выдан Интерполу Бразилией по обвинениям в традиционном уже мошенничестве и, о да, отмывании денег через футбольный клуб. Следом Латвия отказала ему во въезде в страну – политические интересы Березовского в этой стране были настолько велики и неконтролируемы, что могли привести там к небольшому государственному перевороту. Давайте оставим на минутку наше моралите и честно признаем: ну, это же Голливуд. Это плутовской роман, с каждой сценой приближающийся к огромной, во всю человеческую судьбу, драме.

Он, наверное, сам удивился, с какой скоростью всё начало меняться в его судьбе.

Позавчера он своими руками привёл Владимира Путина к власти, передавив всех его конкурентов.

Вчера владел, помимо своих многочисленных миллионов, загибайте пальцы, пятью крупнейшими российскими газетами, шестью крупнейшими российскими журналами, радиостанцией «Наше радио» и двумя телекомпаниями, в числе которых был «Первый канал» – центральное и основополагающее ТВ страны.

И с таким вот добром он нежданно вылетел из России, как пробка из бутылки шампанского, которую он так долго и самозабвенно тряс... Позади бурлила яростная пена.

«Я тебя породил, я тебя и уйму», – крикнул из Лондона Березовский своему бледнолицему протеже, в саркастичной, присущей ему манере перефразировав строчку из повести Николая Гоголя.

Газеты и телекомпании, естественно, остались дома, и все их понемногу прибрали к рукам кремлёвские ребята. Но чёрт бы с этими медиа, у Березовского оставалось ещё кое-что.

Например, чудесный остров *Fisher's Island* близ Майами. Великолепный дворец в Марракеше, что на территории Марокко. Не считая мелочей вроде завода «Боржоми» и телекоммуникационного оператора *Magticom* в Грузии.

С такими активами можно было жить долгую, очень насыщенную и крайне приятную жизнь, ни о чём не беспокоясь.

А можно было покуролесить.

Березовский, ни минуты не думая, выбрал второе.

Давайте прямо себе признаемся: с того момента его могли убить в любой день. Он отчётливо знал, с чем играет.

Сложно не оценить этот выбор: алогичный, иррациональный, безумный, – но Березовский не был бы Березовским, когда б выбрал покой.

Он предпочёл наживать себе проблемы и будоражить покинутую им страну вместе со всеми её новыми вождями. Тем более все основания для этого у него были.

В своё время русский философ Константин Леонтьев предлагал «подморозить Россию». Тогда, в XIX веке, этого не случилось, зато получилось сейчас.

Наши кремлёвские псевдоконсерваторы не учли одного: нельзя подмораживать гнилой продукт.

Иначе, когда этот продукт (в нашем случае – Россия) начнёт оттаивать, оттуда такая зараза полезет, что не обрадуешься.

Березовский со своей бесподобной интуицией понял это одним их первых: заморозки в данный момент вредны, вредны, вредны, надо их остановить.

Какие бы мотивации им ни руководили – он был безусловно прав.

Хотя в случае Березовского наверняка имело место и личное предчувствие того, что ему самому – как физическому телу – эти заморозки не перенести.

В застывшем состоянии Березовский существовать не мог. В спячку уходить тоже не умел.

Он был как тот самый велосипед: Березовский продолжался, пока двигался.

Наш герой поменял имя на Платон Еленин – в надежде обыграть настигающую судьбу. И – стремительно спустил более чем миллиардное – задумайтесь! – состояние неведомо куда. Россия и не такие амбиции и состояния съедала за один перекус.

Березовский передавал и пересылал тяжеловесные суммы политикам, оппозиционерам и проходимцам, оставшимся в России. Куда делись все эти деньги – никто не знает. Куда-то.

Березовский вложил $38 млн в прошлую украинскую «оранжевую» революцию – ему обещали в подарок «Укртелеком» за победу, но после победы спросили: «Какой “Укртелеком”? Не знаем ничего...». Он предоставил общественности документы, доказывающие его необъятную финансовую помощь, переведённую на «развитие молодой украинской демократии», но благодарные победители даже не пригласили его в гости.

Я всё думаю: как он это переживал? Вот эти свои кошмарные неудачи. Что делал? Пил вискарь стаканами? Плакал? Молился? Бился в истерике: «Я порву вас всех!» (именно так он кричал в своё время в Чечне на российских генералов, смевших спорить с ним)? Или глотал антидепрессанты? Или по-русски рубил воздух рукой и говорил: «Да и... чёрт с ним!»

Березовский был безжалостен в своё время – теперь безжалостны были к нему. Его кидали, его банкротили, его обворовывали все кто мог. Но и сам он помогал своим врагам в меру сил. Одних отступных последней жене заплатил до 220 млн фунтов стерлингов. За такие деньги он мог сто лет подряд покупать себе каждый день по новой жене.

Одна печаль: собственная судьба в конечном итоге затребовала с Березовского таких отступных, которые в фунтах не исчисляются.

Чувствуя это, он совершал всё больше ошибок, всё чаще блефовал, всё хуже выглядел.

В апреле 2012 года Березовский назначил премию в 50 миллионов рублей за арест Путина. В мае увеличил эту премию до 500 миллионов рублей. Это было смешно – «Триумфа» уже не получилось. Артистов на такое дело не находилось.

Он доигрывал один. Зрителей становилось всё меньше.

На суде с Романом Абрамовичем, который, как мы теперь понимаем, был последним шансом Березовского спасти своё финансовое положение и вернуть прежнюю репутацию, он непрестанно завирался и вёл себя, как будто демон за его плечами окончательно превратился в мелкого беса.

Судья сказала: «Я пришла к выводу, что господин Березовский является ненадёжным свидетелем, считающим истину гибкой и переменчивой концепцией, которую можно менять в зависимости от своих сиюминутных целей. Порой его показания были намеренно лживыми; порой он явно сочинял свои показания по ходу процесса, когда ему было трудно ответить на тот или иной вопрос. Порой у меня создавалось впечатление, что он не обязательно намеренно лгал, а скорее сам заставил себя поверить в представленную им версию событий».

О, это блестящий диагноз, на глазах превратившийся в эпитафию.

Его почти не воспринимали всерьёз в России. Его перестали воспринимать всерьёз в Англии.

За новые публикации о себе в прессе ему приходилось платить. Ему! — владевшему собственной медиаимперией, одной из крупнейших в мире! Ему! — о котором при жизни написали множество книг и сняли несколько фильмов.

Он пересел с чартеров на обычные рейсы — и теперь его, вчерашнего миллиардера и крупнейшего афериста прошлого века, видели в банальном бизнес-классе.

Шампанское он брал там или нет? Он — который позавчера любой самолёт мог шампанским заправить?

У него, уверен, был колоссальный запас сил на то, чтоб двигаться дальше, но стоять на месте для него оказалось совсем невозможным.

Ему, говорю, надо было вернуться в Россию и сесть в тюрьму. А лучше бы его выкрали из Англии.

Борис Абрамович, БАБ — эта гремучая помесь Остапа Бендера с мушкетёром — тюрьму пережил бы.

Сложно представить, кем бы он вышел оттуда – отмороженным мистиком, православным мыслителем, вором в законе, сложившимся узником совести, поэтом или всем перечисленным вместе. Но он бы вышел.

Это был бы хороший вариант.

...но и случившийся – не самый плохой.

Наше время и так бедно на мифологическую фактуру: всё вокруг какое-то пошлое и скучное. Березовский, как мы прекрасно видим, был не пошлый и не скучный.

Но за последние пятнадцать лет из серого кардинала Кремля и едва ли не самого влиятельного человека самой большой страны мира он неустанно превращался в карикатуру на самого себя. Чтоб войти в большую историю, которую он желал больше денег и больше женщин, ему нужна была трагедия.

Трагедия – любым способом.

Безрезультатно перепробовав все иные способы быть равным самому себе и своим страстям, он выбрал способ самый последний и самый надёжный.

...в православной традиции самоубийц хоронят вне кладбища. Говорят, что они попадают в ад.

Впрочем, даже если б Борис Абрамович и не наложил на себя руки – шансов угодить туда у него было бы предостаточно. Редкий из кругов ада не примет его.

Я не знаю, весит ли хоть сколько-нибудь одно человеческое слово – там, у них.

Но дело вот какое. Да, он сделал очень много зла моей стране и моим близким – русскому народу. Наверное, прощения ему нет ни на земле, ни небе.

Но я всё-таки прошу тех, кто рассматривает окончательно его дело сейчас: простите его. Пожалуйста.

РЕЦЕПТ НОВОГО КОКТЕЙЛЯ, ИЛИ ГИМН ГОЛОДНЫМ

Тело, твоей культуре посвящается

Чтобы хорошо выглядеть, надо меньше есть и больше двигаться. Всё просто.

Честно говоря, я не очень понимаю, зачем люди так много едят. Они что, так же много работают?

Взрослому городскому мужчине в наши дни, когда прежние великие стройки завершены, а новых нет и в проектах, есть, грубо говоря, вообще не обязательно.

Выпил чашку крепкого чаю с утра, просто для того, чтоб проснуться, в обед съел кусок чёрного хлеба, на ужин опрокинул рюмку водки, зализал солью. Ну, оливку проглотил.

Больше ничего не надо, на жизнь хватит. Остальная еда — по обстоятельствам.

Путнику можно всё, особенно собственноручно пойманную дичь.

Сидишь на земле – закопай дичь в землю, разожги сверху костёр, это стоит попробовать.

Ушедшим в самоволку можно всё, особенно ворованное.

Ходишь по саду, размышляя: а не выйдет ли сейчас приглянувшаяся вам хорошенькая горничная проверить, высохло ли господское бельё, – сорви яблоко, надкуси. Всё равно ведь кислое.

Долго шёл босиком по снегу на Родину – выпей горячего бульона, как придёшь. Обуйся заодно.

Покидаешь Родину – нажрись на дорогу малинового варенья, гадина. Тульский пряник с повидлом окунай в варенье и жуй.

Если вдруг дуэль – тогда черешня очень к лицу, ей можно эдак плевать в сторону противника, пока он не попадёт вам в лоб.

Сел на берегу реки с сыном – расколи арбуз, черпай сахарные внутренности рукой.

Если решил свести счёты с жизнью – бокал шампанского, ириску. Пока будешь в зубах ковыряться – может, раздумаешь.

Мужчина к тридцати годам уже съел бóльшую часть того, что нужно, а к сорокá – начинает есть чужое. Всё своё он давно уже носит на себе.

Существует несколько вещей, которые унижают человека нашего пола. Например, омерзительное высказывание «Путь к сердцу мужчины лежит через желудок». Какая гадость! Через желудок лежит путь к сердцу свиньи. Путь к сердцу мужчины лежит через рассудок и само сердце.

Даже дельный и красивый пёс – самый верный друг человека – больше ценит не того, кто его кормит, но того, кого слушает и считает равным себе.

Если он пресмыкается за кормёжку – это подонок, а не пёс.

Хорошо питаться надо до шестнадцати лет. С семнадцати до двадцати одного – жадно жрать. Потом, покинув казармы и университеты, заводя детей и ещё новых детей, понемногу минимизировать рацион так, чтоб к пятидесяти годам перейти на изюм.

Я тут неделю пил три стакана молока в день (и всё) – ничего не изменилось. Даже не проголодался к воскресенью. Просто молоко кончилось в доме.

Скоро попробую перейти на воду – потом расскажу, чем дело кончилось. Воды много – река рядом.

Хватит себя баловать; нас ещё никто не огорчал до такой степени, чтоб успокаивать себя, каждый день ужиная в ресторане.

Известные мне мужчины, которые отвратительно много едят, делятся на две категории.

Первым нечем заняться, и они себя не уважают. Поэтому отваривают себе по двенадцать сосисок, заливают всё это, включая плошку макарон, майонезом, и давятся. Перед сосисками – суп из трёхлитрового горшка, после сосисок – ведро компота. Потом расстегнут восемь верхних пуговиц у рубахи и сидят сырые.

Вторые ужасно заняты и очень себя уважают. Так заняты, что обедают только всерьёз и обстоятельно: рестораны посещают как службу в церкви: неукоснительно, благоговейно. Так уважают, что кормят себя и кормят. Чем больше кормят – тем крепче самоуважение.

Первые, естественно, относительно бедные, вторые – так или иначе обеспеченные.

Бойцовский, красивый, быстрый как скорый поезд мужчина после тридцати в России – редкость, исчезающий вид. Слишком большие лица, слишком много мяса на теле. Вы заметили, что у нас стало модным не торопиться? Раньше так себя вели только блатные на зоне, теперь у нас все стремятся в блатные.

Пятнадцать раз подтянется один из ста, стометровку – да, пробегут, но только медленно, зато отметку пятьсот метров никто не возьмёт. А если в атаку? А если динозавр за вами побежит? Да мало ли что бывает.

История наших достижений стала превращаться в кулинарную: где, да когда, да на какую сумму.

Мы столько съели всего – ну и где плоды нашего труда? Где высотки, цветущие нивы, кудрявые дети, плотины, ракеты, коньки на избах?

Офисные работники должны питаться бумагой, исполнительная власть – осознанием власти, парламент – друг другом.

Что посеяли – то и пожрали.

Здесь положено было бы восславить физкультуру и физзарядку, но я треть жизни провёл в спортзалах: сам тип этой бройлерной курицы с яйцами, которая разглядывает в зеркале свои ягодицы, – о, как он отвратен мне.

Вот они приходят туда – и шесть часов бродят от железяки к железяке, сверяются с записями, что твои естествоиспытатели, ведут свои восхитительно глупые разговоры и запивают их смесью из кефира, сырых яиц и детского питания.

Где они работают вообще, эти люди? – думал я иногда. У кого они своровали детское питание и кефир?

Меня восхищает тип бойца, к которому я себя никак не отношу, — но, право слово, я так и не знаю, куда тратят свою мощь большинство известных мне посетителей тренажёрок.

Нет, лучше пойти в ресторан и нажраться с друзьями водки, с пивом, с вином, с вискарём, с хреновухой, с коньячиной, съев при этом ведро шашлыка и таз пельменей, подраться при этом с такими же дурными соседями по соседнему столику, протрезветь и снова надраться — так, чёрт возьми, честней.

Мужчина, маниакально обихаживающий своё тело только ради того, чтоб обихаживать своё тело, — какой-то неправильный мужчина.

Что до меня — я никогда не качал железо ради всей этой сомнительной красоты пропорций, но последовательно и старательно издевался над собой. Отжимался, подтягивался и толкал железо до той стадии, пока не начинал орать в злобе и перенапряжении, — потом отмокал в ледяной ванне, дрожа от усталости и странного душевного остервенения.

Есть, кстати, после этого совсем не хотелось.

В хорошие дни я могу подтянуться тридцать раз и сто пятьдесят раз отжаться на кулаках, но никаких особенных мышц на себе не наблюдаю до сих пор.

Мне вообще куда симпатичней сухие (куда суше меня самого) и стремительные (куда стремительней меня) мужики, наделённые замечательной (особенно для их скупого на детали внешнего вида) силой и вполне объяснимой тем же самым внешним видом выносливостью.

От таких мужчин должны рождаться сухие и стремительные дети, много сухих и стремительных, как Маугли, детей.

Однако ж мужчина в нашей милой державе избалован.

Мужчины осталось мало, мужчине всё прощается. Мужчина стал двигаться меньше, самые подвижные мышцы у него находятся в челюстях, остальные мышцы временно отдыхают.

Перекусил кого-нибудь напополам, чем-нибудь закусил жареным — вот он, современный идеальный мужчина в работе.

Такой не нуждается в наших советах, и мы ему их не дадим.

Мы будем думать не о конкретных людях, а про коллектив.

Гнаться в одиночестве за своим личным здоровьем — какой-то, боже мой, моветон. Таких вещей стоило бы стесняться.

Нужно затеяться с какой-то огромной замутой, которая коснётся если не всех, то многих.

Надо менять моду, менять ориентиры — так мы станем лучше выглядеть. Русскому джентльмену пристало выглядеть хорошо, он не американская женщина.

Вот, скажу навскидку.

Меньше контрацептивов — больше детей, они съедят нашу еду, избавят нас от лишних проблем с весом, заставят больше работать. Потом, они всё время разбегаются — их надо догонять и собирать в кучу.

Одно время у меня не было машины, и я трёх своих детей отводил зимой в садик на себе. Сначала пешком, потом на маршрутке (попробуйте в 8 утра запихнуть в переполненную маршрутку троих малых чад, а затем извлечь их оттуда, расползшихся по салону), потом опять пешком. После этого их надо было ещё и раздеть, а затем снова нарядить — но уже в детсадовское. Ни один, зуб даю, культурист такого не повторит. Человек с лишним весом просто погибнет, исполняя этот номер.

Идём дальше.

Меньше города — больше воздуха.

Меньше медленных подходов — больше самоистязанья.

Меньше серьёзных людей — больше весёлых.

Стремительней! Не надо делать вид, что мы всё успели, — мы прожили реальную часть жизни едва ли не в самое пустое и бесстыдное время из возможных — и за плечами у нас куда больше пустоты, чем поводов для понтов.

Меньше скептицизма, меньше цинизма — от этого надуваются щёки, а глаза пустеют.

Больше голода, больше жажды.

Меньше офисов — больше митингов. Больше влюблённости и больше верности. Больше маршей и больше танцев на улице. Чтоб не осталось времени ни на что.

Вместо того чтобы взбить очередной молочный коктейль — давайте взобьём до розовой пенки время вокруг нас.

ИДИ КО МНЕ, Я БУДУ ТВОИМ ГОСПОДИНОМ

О моде

Мода — безусловно, женщина.

Слаба, мимолётна, ранима, разноцветна. Казалось бы, её легко победить, чтоб управлять ею. Но раз мода — женщина, то она и повелевает, время от времени выстраивая мир под себя, ежеминутно меняя свои предпочтения, страдая очаровательным отсутствием логики, меры, такта.

Мода — блистательный мир. Взирающему на этот мир кажется: если тебя приобщат к лоску и аромату моды, есть шанс стать небожителем.

Человеку скучно быть похожим на себя, ему нравится быть похожим на кого-то, кто кажется ему лучше, успешней, сильней.

Позавчера было красиво платье в горошек, вчера — рваные джинсы больше на размер, сегодня — джинсы на размер меньше. От драгоценных камней величиной с яйцо к простоте и обратно. От изысканных форм к бесформенности и снова назад. Отличаться от всех так, чтобы стать неотличимым от лучших: это, знаете ли, задача.

По совести говоря, на моду легко обрушиться, обвинить её в потворстве человеческой слабости, пошлости или глупости. Но все эти претензии стары, стары.

В конце концов, мода — это не только отличная возможность успешной паре явить себя в свете.

Дань моде отдают монархи, генсеки и тираны. Или даже устанавливают её. Пётр заставлял бриться и носить парики — он был тот ещё модник, повлиял на русский мир много больше любого модельера. Догадываюсь, что помимо бритых бород, париков и камзолов для мужчин появились тогда и все эти женские чудачества — корсеты, чулки и прочее декольте. Пётр лично проверил, как это работает, и сказал: «Хорошо».

Кеннеди, Троцкий, Кастро — чем не образчики моды, которая проходит насквозь сезон за сезоном и будет неистребима ещё годы, десятилетия, а то и столетия? Если б мы наверняка знали, как выглядел Чингисхан, — о, как влияло бы его одеяние на стиль одежды многих и многих!

Древние греки или римляне — разве они не продолжают влиять на нашу моду?

Древняя Африка, Древняя Индия, Древний Китай — всё это полноценные участники парада мод, они отвоёвывают своё пространство, подспудно диктуют те или иные тренды. Великая цивилизация — всегда тренд.

А сарафан, косоворотка, тельняшка — куда они денутся? Толстовка? — между прочим, редкий случай, когда блажь русского барина и по совместительству гениального писателя стала международной модной приметой. Комиссарский кожаный пиджак, наконец. Кепка-хулиганка, брюки клёш, косынка – да мало ли что.

Мода влияла на победы армий, и на их поражения тоже.

Мода касается даже такого консервативного института, как церковь. Когда нынешние борцы с переизбытком церковного благолепия говорят про роскошь одеяний патриархов – разве они не догадываются, что все эти, казалось бы, излишества в данном случае есть обязательная и неизбежная составляющая ритуала? Церковь, чтобы влиять, должна восхищать – иначе зачем весь мир возводит такие храмы?

Священник, равно как и генерал, флотоводец, астронавт должен выглядеть величественно. Он ведёт нас к иным мирам, мы вверяем ему свои душу и тело.

Порой моду воспринимают как стихию – и что-то в этом есть, опять же, схожее с женщиной. Не хочу ботинки-лодочки, хочу милитаризма, берцев, кожаных ремней. Разонравились мини, хочу макси. Долой косу до пояса, бреюсь наголо.

В моде действительно присутствует что-то от живой природы. Налетел ветер, поднялись волны, смыло побережье. Выигрывают те, кто угадал её приход за полшага: будь то одежда, автомобилестроение, кулинария, музыка или литература. Заступил черту – и ты последний. Вышел на старт за день до соревнований – над тобой только посмеялись. Потом узкий специалист снисходительно похвалит: этот парень предвосхитил время.

Но главный кэш берёт всегда тот, кто плевать хотел на время – а делал своё дело, и время отдалось ему.

В прошлом веке пальму первенства держали музыканты и артисты, чуть реже – писатели. Гламур Элвиса Пресли, мотоциклистская куртка Алена Делона, взметнувшееся платье Монро, бондиана Шона Коннери, хаер и очки Джона Леннона, дреды Боба Марли, трансформировавшиеся в задорный прикид Джека Воробья, аскетизм Брюса Ли и плащ Брэндона Ли, кожаные куртки "*Depeshe Mode*" – по этим признакам опознавали и опознают своих на любом континенте.

Свой непобедимый стиль дал Маяковский – самый модный, наряду с Гагариным, советский тип.

Старина Хемингуэй надел свитер грубой вязки – и сберёг от простуды огромное количество научно-технической интеллигенции и гуманитариев нашей страны: они последовали его примеру. Потом в этом свитере появился Олег Янковский в «Обыкновенном чуде», и свитер стал ещё ближе и роднее.

Каддафи был похож на Майкла Джексона: и не поймёшь, кто кого обворовал.

Брюс Уиллис побрил наголо армию мужчин, живущих по разные стороны всех океанов.

А Че Гевара просто красиво прожил красивую жизнь, не забыв описать её в дневниках: теперь он смотрит на мир с миллионов маек и воспроизводится чаще, чем любая поп-звезда. Посудите сами: кто выиграет в этом соревновании – он или Мадонна с Леди Гагой? Не дам и цента за двух див.

Роберт Смит из группы "*Cure*" переодел и накрасил Цоя, Кинчева, Борзыкина и «Агату Кристи».

Следом в девяностые миллионы подростков в России переоделись в чёрное, немаркое, отрастили чёлки, подвели сумасшедшие глаза. Потом на этой основе выросло поколение эмо.

Не так давно пришли негры из Гарлема, натянули на голову капюшоны, на бычьих шеях — золотые цепи и серебряные кресты, — они сделали всему миру рэп. Мир поначалу отшатнулся, потом привык.

Причём причины всего случившегося сплошь и рядом были банальны и даже приземлённы. Хемингуэй занимался рыбалкой и охотой — ему в свитере казалось удобней. Брюс Уиллис начал лысеть и устал расчёсывать последнюю прядь так, чтоб она спрятала голый череп. Майкл Джексон всего боялся и хотел выглядеть воинственно. Роберт Смит был ни разу не гей, как и все его русские рок-наследники, зато обладал заурядной и стёртой внешностью, поэтому раскрасил себя и стал похож на привлекательного демона. Негры же так долго бедствовали и голодали, что золото для них стало подтверждением статуса — а капюшоны и прежде, и теперь помогают им смотаться с места преступления так, чтоб их не засекли камеры слежения и не опознали полицейские.

Все перечисленные подчинили моду себе, навязав себя миру. «Женщина, рядом!», — скомандовали они. И мода подчинилась.

Сегодня взломаны все иерархии: аристократия стремится одеваться неброско, барышни изображают крестьянок, крестьянки рядятся в барышень, пацифисты наряжаются как военные, президенты похожи на актёров, актёры — на астронавтов, бояре — на холопов, опричнина — на экологов, правоохранители — на бандитов; всё смешалось.

Но мода, как и прежде, ждёт того, кто придёт и по праву харизмы, таланта, силы, удачи научит её послушанию.

Быть может, он будет являть собой нечто среднее между мужчиной, женщиной и конфетной обёрткой, и пахнуть будет как вафля.

Но, быть может, он будет пахнуть зверем, есть мясо с ножа, а из особых примет у него останется только шрам через половину лица. Что до его одежды – она окажется черна, красна, огнеупорна, непромокаема.

Никто не знает, как будет. Но я предпочёл бы второй вариант.

ШАРИК УЛЕТЕЛ

Про звёзды

Человек может поверить во всё что угодно. Главное, чтобы знание не унижало, а возвеличивало его в собственных глазах.

Человеку можно сказать, что он свободен, а вокруг — рабы, и он поверит.

Так, к примеру, появилась целая западная цивилизация.

Казалось бы, несколько сложнее доказать человеку, что он, к примеру, скорпион. Или рыба. Или вообще неодушевлённый предмет типа весов.

Но если это знание приносит ему радость, то, оказывается, можно и такое с ним проделать.

Человеку надо, чтоб о нём заботились, а лучше — помещали его в центр мира и водили вокруг него хороводы. Астрология прекрасно с этим справляется.

Сидят себе Шура и Нюра на своей тахте, никому до них дела нет, и даже самим им друг на друга смотреть скучно. И вдруг выясняется, что за ними следят самые настоящие звёзды. С неба!

Шура и Нюра на звёзды толком не смотрели с детства и о местонахождении своих личных, как дачные участки, созвездий ведать не ведают — а звёзды про них помнят, во взаимном интересе не нуждаясь. Где ещё в человеческом мире найдёшь такое отзывчивое сердце, как у твоей заботливой звезды. Не звезда, а Арина Родионовна какая-то. Выпьем, няня, где же кружка.

Звезда стоит возле вас, смотрит на вас с обожанием, говорит комплименты, а если заходит речь о ваших слабостях, то они выглядят, во-первых, простительно, во-вторых, как-то оригинально.

Но в основном в ход всё равно идут комплименты.

Женщина-Скорпион узнаёт, что робкий человек никогда не завоюет её. Женщина-скорпион в курсе, что она эмоциональна, нежна и требовательна.

Женщина-Водолей обладает особым обаянием, которое астрологи называют холодным блеском. Это тёплая, дружелюбная, общительная, участливая женщина... С холодным блеском, но тёплая, представляете? И никогда не лжёт.

Также всем известны душевный огонь и жизнелюбие Льва. Романтическое обаяние Рыб. Заботливые и страстные Тельцы. Чувствительные и преданные Раки. Решительные и ответственные Козероги. Игривые Весы. Мечтательные Овны. Вольнолюбивые Стрельцы. Блистательные Близнецы. И Девы, конечно. Кто из нас не знает этих чудесных Дев?

Астрология имеет примерно такое же отношение к науке, как пасьянс.

Вы можете сказать, что звёзды часто помогают нам, успокаивают, дают важные советы – благо мы их забываем достаточно быстро, особенно если они не сбываются (а они не сбываются практически никогда), – но разве пасьянс не успокаивает, разве он не помогает?

Приятно начинать любое дело, когда у тебя целая звезда за спиной.

Эта звезда – наш адвокат, наш телохранитель, наша ласковая сестра.

Звезда нашёптывает, человек начинает верить, что он действительно именно такой. А что, разве он не решительный? Не чувствительный? Не стремительный?

Если астрология и влияет на человеческие отношения, скажем, между мужчиной и женщиной, то чаще всего в дурном смысле.

Человек слаб, ему куда чаще нужен не адвокат, а прокурор. Не сестра, а классная дама с поджатыми губами и скверным характером.

Астрология бездарно предсказывает, зато отлично объясняет уже случившееся.

«Ты обидел своего партнёра, потому что твоя звезда находилась в противофазе» – «О, я так и думал!»

Чтобы прожить без подсказки, придётся идти, слушая сердце и не оглядываясь на звезду, которая врёт как сваха.

Жизнь умней звёзд.

Впрочем, и звёзды умней жизни.

Звёзды заложили в нас все возможности.

В нас есть огонь и есть пепел, есть вольнолюбие и есть страх, есть нежность и есть грубость. Мы отражаем в себе если не все звёзды сразу, то дюжину из них точно. Берите из этого небесного сундука любую одежду и примеряйте на вкус.

К тому же на личном опыте я убедился в глубокой относительности даты человеческого рождения. Мой первый ребёнок родился, просидев в животе восемь с половиной месяцев. Второй — почти девять, без одной недели. Третий — девять с половиной месяцев. А четвёртый — десять. И всё это, оказывается, норма!

Но ни один из детей в свой запланированный знак не вместился: либо не доехал, либо проскочил.

Например, младшая дочка должна была быть Раком, как я (и неудачницей, как все Раки, в том числе её папа, которого по роковому недоразумению все считают родившимся в рубашке с эполетами). Но стала Львом.

Это ж какая-то ерунда, нет? Если б мы, к примеру, поехали с женой кататься на лыжах, она б родила раньше. На три дня хотя бы. И чего, моей доченьке пришлось бы пользоваться уже другим гороскопом?

Собственно, я знаю ответ. Дочке пришлось бы пользоваться другим гороскопом, да. Разницы всё равно никакой.

Но теперь ей придётся привыкать к львиному. И всё совпадёт, конечно.

Но знаешь, доченька, что папа хотел бы сказать тебе? Я держу твою звезду над твоей головой, как воздушный шарик. Иди прямо и не оглядывайся.

СЛУЧАЙ НА ЭТОМ БЕРЕГУ

Ну, вы знаете, когда начинаешь водить — машина некоторое время воспринимается как существо малопонятное, не очень дружелюбное, которому вечно чего-то не хватает, и ты никогда не можешь понять, чего именно.

Тем более если это не новая машина российского производства. У меня именно такая и была.

Каким-то чудом мы добрались на этой машине до деревенского дома моей жены — в глуши лесной, в маленькой деревеньке, вдали от цивилизации.

Мы прожили там два полных радости и покоя дня. На третий собрались в городские квартиры — мне срочно нужно было на работу, у жены тоже обнаружились свои неотложные дела, к тому же маленький наш ребёнок ждал папу и маму в городе, оставленный на дедушку...

...и тут я, естественно, выяснил, что у машины нет никакого желания нас везти.

О, это мучительное чувство обиды на своё железо – помните его? Мысленно просишь: ну, заведись же, мне очень надо, очень-преочень, ну, будь послушной, ну, пожалей ты меня, – а в ответ никакой реакции, сухой проворот ключа, молчание, скука, бессмысленный глаз спидометра – как будто и не машина даже, а какой-то глупый и старый предмет наподобие патефона, который умер сорок лет назад безвозвратно.

Сидишь в этой машине и стонешь от тоски: потому что делать совершенно нечего и помочь тебе не может никто. Никакой эвакуатор не полезет в наши леса, да и денег на него нет – он обойдётся как раз в стоимость этой машины.

...помочь, говорю, не может никто, или почти никто...

В деревне тогда оставалось домов семь жилых, обитали тут люди тихие и небогатые, но у одного соседа по фамилии Желтицын машина всё-таки была, старьё хуже моего.

Я с детства никого ни о чём не люблю просить, и никогда не прошу: по пальцам можно пересчитать эти случаи. Вот тут как раз имел место один из них.

Жена ещё начала уговаривать: пойдём, ну, пойдём вместе – он же умеет, этот Желтицын, он понимает, он починит.

Доверился.

У меня отчего-то сразу были нехорошие предчувствия, и они сбылись.

Мы подошли к дому Желтицына – там были открыты ворота настежь, он сидел во дворе, лицом к нам, и возился с бензопилой.

У ворот бегала непривязанная крупная собака, которая встретила нас злобным лаем, бросившись в ноги. Мы остановились, я с натянутой, заискивающей улыбкой взглянул на Желтицына – мол, убери собаку, – он поднял на меня глаза, ничего не сказал ни мне, ни собаке, и опять стал даже не чинить, а разглядывать свою пилу, будто бы разыскивая какую-то тайную надпись на ней.

Собака полаяла-полаяла и вновь вернулась на границу двора, села у ворот, злобно глядя на нас, только и ожидая нашего малейшего движения.

Оно было сделано то ли мной, то ли моей женой, и собака снова бросилась нам в ноги – это было действительно страшно, мы благоразумно не тронулись с места и пережили ещё полминуты душевного тремора.

Желтицын всё сидел, совершенно невозмутимый.

Мы решили больше не двигаться, и просто стояли – сосед же видит, что мы пришли к нему, хотим что-то спросить, терпеливо дожидаемся аудиенции, во двор не лезем, собаку не гоним, не обзываем её плохими словами.

Мы простояли пять минут. Десять минут. Тут стало понятно, что окликать его с нашей стороны на пятнадцатой минуте ожидания будет совсем глупо – не дурак перед нами сидит с пилой, сорокалетний мужик в здравом уме и трезвой памяти, всё понимает.

Мы простояли больше получаса – идти всё равно было больше не к кому.

Желтицын так и любовался своей пилой, то её покручивая, то себя почёсывая. Потом пилу положил и стал стругать рогатку большим ножом – он был рыболов, ему срочно понадобилась рогатка, для того чтоб удочку удобно приспособить, когда он будет рыбачить.

Весь его вид буквально вопил об одном: а мне плевать, что вы тут стоите и ждёте, я не имею никакого желания замечать вас.

Мне было двадцать семь лет.

Меня три раза сильно били ногами неприятные люди. В детстве дворовые хулиганы несколько раз отнимали у меня мелочь. На меня орали ужасным матом мои командиры. А трудовик в школе дал однажды мне при всех незаслуженный подзатыльник.

Но в случае с Желтицыным я всё равно был унижен так, как не был унижен ни до, ни после этого.

Обозвать его, после того как я в присутствии своей молодой жены тридцать минут простоял у чужого двора, — показалось мне глупым. Крикнуть: «Что ты за мудак!» — зачем? Ведь не полегчает. И что я тогда стоял у двора его, если он такой мудак? К тому же до последней минуты теплилась во мне дурацкая и стыдная надежда, что он сейчас бросит свою рогатку и скажет: «Ну, пойдёмте, ребятки. Что там у вас, машина? Щас посмотрим!»

Надежда, как иногда бывает в жизни, умерла в течение одного мгновения — ничего такого не произошло, Желтицын сидел как сидел со своей рогаткой, собака как смотрела на нас своим бесноватым глазом, так и продолжала смотреть, — а я вдруг понял, что это всё ужасно глупо, и гадко, и отвратительно, и сказал жене: «Пойдём».

И мы пошли.

Собака ещё пробежалась за нами, норовя укусить и явно издеваясь.

В деревне жены я был второй раз в жизни, никого там не знал, и Желтицына тоже. То есть я ничего ни хорошего, ни дурного ему не сделал к тому моменту. Ни ему, ни его собаке.

Кто-то из соседей сказал мне в тот же день, что он не женат... живёт с родителями... никогда не работал. Вот и вся его история. Никто его тут не обижал – если б имелась какая-то тяжёлая и мрачная история в его жизни, о ней бы все знали: в деревне всё на виду. Но такой истории у него не имелось.

Он был просто беспричинный мудак, такое бывает.

Жена моя, как и я, была моложе Желтицына почти на двадцать лет, приезжала в деревню только на летние каникулы и никогда с ним не общалась, только здоровалась, хотя, конечно же, знала о том, что он, мягко говоря, не очень приветливый.

Я к тому, что и она тоже никакого вреда не причинила этому Желтицыну.

Но, как выяснилось, он вёл себя так вообще со всеми.

Он не делал нарочитого зла. Но никто и не помнил, чтоб он сделал что-то доброе хоть кому-нибудь.

Он был не горяч и не холоден.

Впрочем, если ему нужна была чья-то помощь – не стеснялся ею воспользоваться. К другим нашим соседям как-то приезжали на редком в те годы внедорожнике гости – так он попросил, чтоб его доставили в город, и укатил на халяву.

В машине от него отвратительно пахло, рассказали мне потом соседи. Всю дорогу ехали с открытыми окнами.

Я и про себя втайне думаю, что если б спустя, ну, пусть не час, а три, или даже два дня после нашего с женою стояния у его ворот, он пришёл бы к нам домой и как ни в чём не бывало попросил бы меня отвезти его куда-нибудь – я б тоже повёз. Чёрт знает, как называется эта черта характера, – но повёз бы. Скривился и повёз.

Если б моя машина ездила, конечно.

Даже не помню, что тогда спасло нас с женой. Кажется, именно в тот раз мы пошли в лес, и там, безо всякой надежды блуждая, едва ли не плача, вдруг услышали шум мотора – и побежали на этот шум, как затерянные в неизвестности островитяне... Приветливый, далеко заехавший грибник выслушал нас, доехал с нами до нашего дома, вскрыл капот моей не новой отечественной машины, подёргал за провода, и безответное железо ожило.

Денег грибник не взял.

В общем, всё хорошо закончилось у нас.

А когда мы вернулись в деревню с женой на следующее лето, то узнали, что Желтицын теперь покойник.

Он пошёл на рыбалку – спустя, наверное, неделю после нашей с ним встречи, вполне возможно, что и рогатка у него была та самая, что он затачивал под свою удочку...

Забросил своего червячка на крючке, приладил удочку на рогатку, выпил из заначенной бутылочки самогоночки, выпил ещё, а потом снова пару раз приложился... В конце концов заснул и повалился лицом прямо в воду.

И утонул. Ноги на берегу, башка в воде. Немного поелозил ногами по сырой сентябрьской грязи и захлебнулся.

Когда я думаю о загробной жизни, я отчего-то всегда вспоминаю Желтицына.

Кто-то всерьёз может думать, что Желтицына ожидала загробная жизнь?

А зачем?

Куда его там деть, за пределами жизни земной? В ад отправить? За что? За то, что он не поспешил мне на помощь? Подумаешь...

Или, может быть, в рай? А с какой целью?

Или, Боже ты мой, ему дали прекрасное право сидеть на берегу с удочкой, ловить свою рыбку и никогда не тонуть больше, а любоваться на течение и жёлтую плывущую листву?

Как бы не так.

Желтицын закончил свою никчёмную жизнь лицом в грязной торфяной осенней воде, опившийся самогонки, и тут всё.

Потом некоторое время тот смрадный выдох, что назывался его душой, мыкался в пространстве, пытаясь хоть куда-нибудь пристроиться, но больше никто не посадил его в свой внедорожник, чтобы, к примеру, перевезти на другой берег спустя девять дней.

Этого выдоха не хватило даже на девять дней, точно говорю.

Не имеет значения то, как он повёл себя со мной, — это сущая ерунда. Но за малым жестом иной раз так просто угадывается целая судьба. Или пустота на месте судьбы.

Меня вправе спросить тут: а что, мол, ты? хватит ли тебя на те же девять дней?

А я не знаю. Может, и нет там никакой жизни, просто потому, что куда столько добра, с нами и так были щедры и милосердны несказанно, зачем она — когда и эту, земную, деть некуда.

Зато вот про Желтицына знаю наверняка.

Слишком самонадеянно верить, что Господь Бог складирует все души подряд, и хранит их, и развлекает, как умеет. Любит Он, может быть, всех, и пути Его, уверен, неисповедимы, и разум Его, само собою, нами не постижим, но всё равно Он — Бог, а не барахольщик.

Не барахольщик и не карусельщик, который усадит на свою карусель любого, имеющего копеечку.

Утонула твоя копеечка, глупый человек.

Уехала твоя карусель.

МНЕ СПИТСЯ ВСЁ ЛУЧШЕ И ЛУЧШЕ

Досужие размышления о постели

Постель должна располагаться высоко и отдельно.
Постель должна быть тверда и суха.
Наличие подушки обязательно. Одеяло и простыня — по вкусу.

То, что я люблю спать высоко, я понял в детстве, в поездах.

Ежегодно мы с отцом несколько раз ездили из города Дзержинска Горьковской области, где жили, на деревню к бабушке и дедушке. Отец ложился на нижней полке, я на верхней. Года три или четыре подряд получалось так, что в купе к нам попадали очень красивые девушки. И место им каждый раз выпадало внизу, по диагонали от меня.

Отец всё время ходил курить, во время пятнадцатиминутных остановок успевал остограммиться в ближайшей привокзальной забегаловке, потом возвращался, читал газету и, этой же газетой накрыв лицо, засыпал.

Я вроде как, лёжа на боку, читал книгу — но на самом деле косился на девушку, пытающуюся подремать. Сверху очень удобно коситься на девушек — если б я лежал внизу, у меня б не получилось заниматься этим так безапелляционно.

Было мне в ту пору лет девять или, скажем, двенадцать, как-то так.

Девушки эти до сих пор плывут у меня перед глазами; у них подрагивают веки — это выдаёт, что они не спят; ложечка в вагонном стакане позвякивает...

...Где всё это теперь? — девочки, ложечки, сладкий запах белья...

Потом, когда я уже учился в школе, в самом последнем классе, мы однажды поехали с одноклассниками в Питер: не помню, Ленинград он тогда был или уже Санкт-Петербург.

На обратной дороге я забрался на верхнюю полку, но уже не один, а с самой красивой одноклассницей. Ночью поезд тряхнуло, и я, лежавший на краю, упал вниз — голой грудью на стакан с подстаканником. Кто-то ночью пил чай и оставил на столике посуду. Прелесть подстаканника оказалась в том, что он был выполнен изящно — с двумя остриями в виде копий.

Я сидел на нижней полке и смотрел, как у меня из груди торчит подстаканник. Мелкое стаканное стекло аккуратно покрошилось у меня в грудной клетке, в районе лёгкого.

Наверное, меня наказали за то, что я вожделенно смотрел на девушек в детстве. А как я должен был на них смотреть? Уберите, наконец, у меня подстаканник из груди, я до сих пор его чувствую, он холодный...

Тогда меня, обильно кровоточащего, перевязали, довезли до Дзержинска, где вычистили стекло и зашили – почему-то не вколов обезболивающее. Было больно, я кричал. Самая красивая девушка слышала меня в коридоре и плакала.

Хотя чёрт её знает, я ж не видел, это она сама потом сказала.

Неписаный армейский закон гласит, что спать на верхних полках авторитетным солдатам западло, но я таких девушек видел по диагонали в детстве, что меня не парили эти глупости. Свой положенный армейский срок я проспал на верхней полке. Иногда мне снилось, что моя кровать плавает по казарме, до тумбочки дневального и обратно. Единственный минус моего месторасположения был лишь в том, что когда взбесившийся сержант, спавший справа, кидал табуретку на пацанов, гоношившихся слева, – табуретка иногда падала на лежавших на верхних полках. Но на меня – никогда. Меня, видимо, уже наказали подстаканником.

Когда в двадцать два года я устроился в ментовской спецназ, именуемый ОМОН, и через полгода покатил в не на шутку развоевавшуюся чеченскую республику, то единственное, что я знал заранее, – так это где я буду спать.

Нас разместили в Грозном, в большом и сыроватом каменном ангаре, где уже были установлены в два яруса койки. На одну из верхних коек я немедленно взгромоздился. Под подушкой у меня, все шестьдесят суток, лежал автомат. За всё это время я ни разу не раздевался и не ложился на простыню. Спал поверх одеяла, в бушлате, очень сладко и спокойно, полтора с лишним метра над землёй.

Никаких девушек по диагонали уже не было, и они даже не снились.

Никогда в жизни мне не спалось так хорошо.

С тех пор я сменил множество кроватей – как минимум на трёх континентах, в двух десятках стран и сотне городов, где довелось побывать.

Двухъярусных кроватей нету нигде.

Мне, впрочем, нравится, когда в гостиницах в одноместном номере стоят две кровати вместо одной. Иногда появляется иллюзия, что кто-то придёт и полежит рядом. К тому же нет никакого риска упасть на подстаканник с большой высоты.

Впрочем, однажды, перед одним заграничным вояжем с литературными собратьями, в мой гостиничный номер подселили одного поэта.

Васю.

Я покидал вещи и пошёл в Москву, шляться по литкафе, догоняться спиртным со всякими близкими и неблизкими людьми.

– Как дела, Захар? – спросили меня спустя час.

– Да вот, в Америку еду, – похвастался я.

– Один?

– Да нет, в компании. Васька, например, едет.

– Вася? Круто... Чё за акция? «Мир без границ»? «Русские писатели за толерантность»?

– Не понял прикола, – нахмурился я.

– Вася ж пидор, ты что, не в курсе?

Я был не в курсе.

Не то чтоб я такой гомофоб, но я сразу вспомнил, что наши кровати в номере стояли рядом, буквально в упор.

Когда я ночью вернулся в номер, Вася уже крепко спал.

Походив кругами, я положил на тумбочку рядом со своей кроватью пепельницу. Потом ещё одну пепельницу. Больше ничего тяжёлого в номере я не обнаружил.

Покурив, я лёг спать и вроде заснул. Но, боже мой, никогда я не спал так херово. Какая тут Чечня, ей-богу, — никакого сравнения...

Я вешу 80 кг, рост метр восемьдесят, я могу много раз отжаться на кулаках и подтянуться больше, чем обычный мой ровесник. Не знаю до сих пор, каким образом Вася отжимается и куда подтягивается, но весил он под сто и рост у него был как минимум метр восемьдесят пять.

Мне всё время казалось, что Вася вроде как случайно переворачивается и заваливается на меня: мало ли что ему снится.

В три часа ночи, проснувшись в лёгком мандраже, я сел и уверенной ногой отодвинул его кровать. Вася не проснулся. Или виду не подал.

Утром, наверное, он обратил внимание, что наши кровати стоят как-то странно, будто бы буквой «V», хотя раньше стояли двумя слипшимися «II».

Это ещё ничего — если б у меня был под рукой десяток подстаканников, я б аккуратно расставил их между нашими кроватями. На всякий случай.

Проснулся бы утром бедный Вася на полу как святой Себастьян, весь в подстаканниках.

В Америке мы переезжали из штата в штат, но жили, к счастью, всё время в разных номерах.

Я ничего не имею против Вась, пусть только они спят подальше.

В Нью-Йорке меня поселили в какую-то блатную гостиницу, причём мне единственному достался двухэтажный номер. Внизу были всякие удобства, длинный и плоский, как глубоководная рыба, телевизор, столики для коктейля и курения, а наверху — широкая и крепкая кровать. Лежишь себе на втором этаже, смотришь вниз, можешь покуривать, стряхивая пепел в пепельницу на первом этаже.

Когда я стал известным писателем (иначе с чего бы вы читали этот текст), мне захотелось построить себе дом. Российская власть больше не считает необходимым безвозмездно дарить литераторам дачи в подмосковном Переделкине, приходится самим как-то выкручиваться.

Дом, естественно, был задуман двухэтажным, и моя комната располагается на втором этаже. Там стоит твёрдая и отдельная кровать, правда, одноярусная. Я так и не придумал, что мне делать одному на двухъярусной кровати. Зато я по-прежнему сплю поверх одеяла. Из окна по диагонали видно берёзу, этого вполне достаточно. Взрослеем, что и говорить. Летом берёза в акварельной листве, зимой её ветви похожи на графику.

Но, когда я возвращаюсь из своих путешествий домой, я по-прежнему беру только верхние полки в поездах. Уже многие годы девушки, спящие по диагонали, мне не попадались. Собственно, я и не очень этого жду. Еду я обычно в нетрезвом состоянии, быстро укладываюсь и спустя минуту засыпаю, оставляя билет на столе. Когда проводница приходит его проверять — я сплю.

В последнее время гостиницы европейских стран и стран азиатских начали сливаться для меня в единую и неразличимую картину. Иногда, сквозь утреннее распросонье, на невнятной границе пробуждения, я вяло думаю, полусонно кокетничая с самим собой: «Ч-ч-чёрт... где я? Что это за город? Что за страна? Что за кровать?.. Нет ли рядом кого-то?»

Но сам знаю, конечно, где я, кто я, зачем я. И лучше всего знаю, что рядом никого нет. Ни по диагонали, никак.

Впрочем, не всегда. Этот текст был начат майским вечером в гостинице «Пролисок», что на окраине города Киева.

В моём номере две кровати, но стоят они далеко друг от друга, в разных углах комнаты.

Я писал часа полтора, лёжа поверх одеяла на той кровати, что стоит у окна, и время от времени вслушивался, как в коридоре и в соседних номерах колобродят известные и неизвестные мне поэты, приехавшие вместе со мной на литературный фестиваль. Некоторое время я боролся с желанием забросить статью, пойти и предложить своё общество молодым людям в соседнем номере – особи мужского пола там слишком много говорили о поэзии, то и дело выходя курить на балкон, зато девушки очень редко смеялись.

Однако со своими желаниями я привычно справился и, дописав статью где-то до середины, лёг спать. На часах было 2 часа ночи.

В 5 часов утра, когда по комнате уже расползался кисломолочный утренний свет, ко мне в дверь постучались. Я сплю чутко и сразу поднялся.

Открыв дверь, я обнаружил пред собой в меру трезвого человека мужского пола лет сорока. Он был в очках и бородат.

– Извините, – сказал он, прижав свободную руку к груди (в другой был рюкзак и пакет). – Я поэт

Алексей Осина. Я потерял свою компанию. Мне негде спать. У вас нет свободной койки?

— Да ложись, — сказал я благодушно, обращаясь к ночному гостю на «ты» — мне почему-то сложно называть людей на «вы», когда я в трусах.

— Только веди себя тихо, — попросил я.

— Я буду очень тих, — ответил мой гость.

Я лёг лицом к стене, гость недолго чем-то шуршал и постукивал, но спустя минуту меня как-то насторожила слишком ровная тишина в моём номере.

Я обернулся и привстал на кровати. На второй тумбочке лежала куртка моего нового, незваного соседа, на куртке — его мобильный, возле его койки — рюкзак и пакет с бутылками, по-видимому, пивными. Самого соседа не было.

Полежав минут пятнадцать, я встал и толкнул дверь в туалет — она была открыта. Внутри было пусто. Я выглянул в коридор — коридор спал. Поэтам снились разговоры о поэзии, девушкам — что их наконец рассмешили, один я не спал, слегка озадачившись, куда делся мой Осина Алексей, русский поэт, отбившийся от компании.

Не скажу, впрочем, что в пять утра, после трёх часов сна, я был озабочен этим вопросом сверх меры. Меня вполне устроило, что он не свёл счёты с жизнью в душевой кабине моего номера моей же бритвой.

Я лёг спать и быстро заснул.

Проснулся я в девять утра, Осина так и не возвращался. Ещё час я писал статью, при этом телефон Осины иногда звонил. Один раз я взял трубку, это была служба такси, они спросили, нужна ли Осине машина на десять утра. Я сказал, что уже не нужна.

Откуда-то у меня взялась уверенность, что такси ему сегодня действительно не понадобится.

Я лежу на своей твёрдой кровати поверх одеяла, кровать по диагонали от меня пуста, по-моему, всё в порядке.

Мне не очень нужен автомат под подушкой и совсем не нужны соседи любого пола. Определённо, я на верном пути. Поплыли дальше, одинокая постель моя.

ЧУДЕСНО БЕЗ ЧУДЕС

Чудеса даруются какому-то особому типу людей; я к ним не принадлежу. Спокойно к этому отношусь — нам и без чудес чудесно.

Никогда не увидеть мне, как ходит человек по воде, никто не напоит нас водой как вином.

Будем так пьяны, без воды. Будем удивлены тем, что есть.

Александр Андреевич Проханов рассказывает, как однажды, когда он работал лесником, полвека тому назад, ему посреди леса явился огромный ангел — сияющие крылья, ощущение огромной благости, свет — всё как полагается. Я верю Проханову: так и было.

Эдуард Вениаминович Лимонов рассказывает, как однажды, когда он собирался в компании наших с ним товарищей и одного предателя устроить в Казахстане военный переворот, где-то на Алтае ночью он явственно услышал тамтамы и ритмичный шум шествия за стеной дома. Утром поднялся, спросил у бойцов, стоявших на посту, что за праздник был в этой алтайской деревне, – они ответили удивлением: какой праздник? Всю ночь была полная тишина. Я верю Лимонову: так и было. Грохотали тамтамы, проходило шествие.

Никогда в жизни не было даже лёгкой печали по поводу того, что со мной такого не случится ни за что.

Моя жена сказала как-то, что есть люди, которые не ходят в церковь, по отношению к любой религии проявляют устойчивый скепсис, и при этом по человеческому типу они истинно верующие, – вся жизнь их пронизана неизъяснимым чувством внутренней, самим им неизвестной религиозности.

А есть другие – те, что читают Священное Писание, посещают церковь, исповедуются и причащаются, постятся, стремятся избежать всякого греха – в общем, всем своим видом напоминают верующих людей, и при этом по человеческому типу – законченные атеисты.

«Вот ты – атеист», – сказала мне жена спокойно.

Я не менее спокойно посмотрел на неё и ничего не испытал: в чём-то она, наверное, не права – и в то же время наверняка уловила что-то не менее важное.

Бог есть, я это знаю точно, но знание моё лишено хоть какого бы то ни было трепета и чувства причастности к чему-то, что неведомо и огромно.

Я об этом неизъяснимом не думаю – и оно мне не отвечает.

Полная взаимность.

Совершенно неважно, что предки Проханова были молоканами, а сам он сплошь и рядом высказывает взгляды, которые могут вступать в некоторое противоречие с православием, — всё равно Александр Андреевич совершенно очевидно относится к числу людей, истинно верующих всем своим существом, на уровне уже физиологическом.

Не имеет никакого значения, что последние книги Лимонова — «Ереси» и «Иллюминации» — в иные времена могли бы привести его ровно на тот костёр, где сжигали еретиков. Его уверенность, что Бог создал людей для своих эгоистических целей, и поэтому Бога нужно найти и убить, нисколько не вступает в противоречие с неизбывной, тайной и яростной религиозностью этого человека.

Чудеса, быть может, являются людям именно такого типа.

Быть может, для постижения чудес нужна минимальная склонность к экзальтации, которой мы тут избавлены напрочь.

Напрочь, да.

Я четыре раза видел, как моя жена рожала нового человека. Не уверен, что после этого самый завалящий ангел имеет хоть какое-то желание мне явиться. Чего он может мне показать?

К тридцати семи годам меня любило столько прекрасных и красивых людей — а я ничего для этого не делал, просто жил. Каких ещё удивлений может тут не хватать?

А уж как сам я любил. И люблю. Невыносимо.

Но и всё мной перечисленное выше — лицезрение рождения новых людей и переизбыток любви — вовсе не обязательно для ощущения полноты и терпкости бытия. Например, если учитывать тот элементарный факт, что только сегодня в мире живёт чёрт знает сколько миллиардов людей — семь, что ли? А сколько ещё жило до нас?

И вдруг среди этого сонма лиц и судеб — ты, человек. С чего бы это? Откуда? Кто разрешил?

Наши странные отношения с категорией чуда объясняются лишь тем, что о чуде мы думаем исключительно в контексте будущего. Вот, к примеру, есть некое «я» — и этому «я» очень хочется получить доказательства, что оно не одно, оно не покинуто, что его ожидает что-то за пределами этого «я».

А то, что это «я», как моллюск, выползло из необъятной тьмы, — не чудо? Да после таких чудес вообще не о чем просить! Сиди ошалелый, глаза раскрыв, — и удивляйся, что ты есть и способен это осмыслить.

Само возникновение нашей жизни равноценно тому, как если б перед нами из бесконечной и огромной воды вознёсся осиянный Спаситель — в солнечных брызгах, златых одеяниях, весь прекрасный и удивительный, как НЛО.

Нам ничего не надо доказывать в финале — нам всё уже доказали в начале.

Те, что нас задумали, могли бы сразу себя освободить от дальнейших забот о нашем просвещении — но, надо же, преподнесли нам тёплую, без одежды, ошеломительную женщину, музыку, смех младенца, стихотворение «Свищет ветер, серебряный ветер, в шёлковом шелесте снежного шума...» — вот, мол, вам, слушайте, слышите — теперь-то верите в чудеса?

Нет, не верят. Ангела им подавай с тамтамом.

Когда мама рожала меня, я едва не задохнулся – шея моя была обвита пуповиной. Извлечённый на белый свет, я молчал, белый и потухший.

Минуту молчал, а потом вдруг разорался.

Может, тогда явился ангел, дёрнул меня за язык, оживил – а я его не запомнил?

Хотя вряд ли, вряд ли. Не было никакого ангела.

СВЕТ И СМЫСЛ

Что бы я делал без них?

Человек поднимает над собой фонарь, ходит в темноте, освещённый раскачивающимся кислым светом, ищет смысл. Если в свете фонаря видно только его самого — видимо, он и есть смысл.

Он может сказать, что нёс людям свет, но в конечном итоге правдой останется то, что он освещал себя.

О себе забыть сложно — сам себя в себе носишь целыми днями, никак не отвяжешься. Все чувства — в себе, все страхи — в себе, в зеркале никого, кроме себя, не увидишь, всё одно и то же лицо, никак не надоест. «А как я выгляжу за ухом? О, как интересно. А если сверху — какой вид?»

Разве можно жить, если у тебя нет легчайшего и радостного осознания того, что вот за этого человека ты отдал бы свою жизнь? Кажется, что только чувство своей малости, растворённости, мимолётности — делает тебя человеком.

Человек стал слишком огромен.

Ему однажды велели возлюбить ближнего как себя самого, вот он и начал с себя. Сначала возлюбил себя частями, потом целиком, потом возлюбил себя больше, чем себя, – заполнил собой весь свет, возвысился над собой, возлюбовался: ах, какой я, всё ради меня – всё, что было, и всё, что будет; потому что, если не я, какой в этом смысл?

Ты сначала спроси себя: кто ты и о чём ты?

Человек – он же как песня, он должен быть о чём-то.

Когда я смотрю на младшую – думаю: что я такое рядом с ней? Так хорошо, что рядом с ней я меньше единицы, полубог на побегушках.

Она чувствует свою силу, пытается ею пользоваться, ей ещё нет трёх лет.

– Папа, сделай мне пирог.

– Я не умею. Мама умеет.

Очень спокойно и с усталым достоинством королевской особы:

– Сделай, сказала.

(Последнее слово произносится как «казала».)

Мной уже двадцать лет никто не руководит, а тут смотрите-ка.

У неё глаза круглые от удивления, она одуванчик – голова пушистая, тельце как стебелёк.

Возвращаюсь недавно ночью из командировки, дома не был полторы недели.

Пока раздевался в коридоре, она что-то захныкала в своей комнате.

Поспешил к ней, пока жена не проснулась, сам думаю: не напугать бы, ребёнок меня не видел давно, а я весь в щетине, пахну чужими городами, перелётами через половину глобуса.

– Ты что плачешь? – говорю. – Не плачь, пожалуйста. Это папа. Я приехал.

Поворачивает на меня головку, быстро и очень спокойно спрашивает:

– Конфетку привёз?

Я ей сроду никаких конфеток не привозил, мы и дома их не держим, не приучаем детей к сладкому, откуда она это взяла.

Другая дочка – самостоятельная, отдельная, ей никогда не скучно с самой собой, я её очень уважаю за это. Днём – деловитый зверёк, ездит туда-сюда на велосипеде. Утром, когда захожу в комнату, по тому, как она спит, как повёрнута её головёнка, вижу, насколько сильно даже в девятилетнем ребёнке присутствие будущей женщины, неизъяснима точность, плавность и тонкость линий её сна.

Впрочем, женский архетип проявляется и в общении с её братом, погодком.

Они живут в одной комнате, за стеной я не различаю их голосов, слышу только интонации, это непобедимо напоминает семейный разговор между мужем и женой. Женский голос, естественно, солирует, он высок, взвинчен, обижен, полон близких слёз.

Изредка появляется мужской, раз в пять минут, тихий, самоуверенный, спокойный, оттого ещё более обидный:

– ...ты не понимаешь... – и дальше ещё пара каких-то коротких пояснений, три-четыре процеженных через мужское высокомерие слова.

Это длится ещё некоторое время, потом девичий взвизг и стук раскрываемой двери, плач. Всё, они выяснили отношения, он победил. Она стремительно проносится куда-нибудь в сторону угла в квартире, где никого нет и она может затаиться.

Если заглянуть в детскую комнату в эту секунду — он сидит на полу в шортах, голый по пояс (у него же мышцы, он со всеми борется на руках и всех побеждает, он должен периодически наблюдать, не пропали ли вдруг его мышцы за ночь), собирает какие-то мелкие игрушки, которые она уронила, выбегая.

Сейчас она побудет три минуты сама с собою и навсегда забудет, что происходило минуту назад. Она вообще не помнит никаких ссор.

В сущности, они никогда не ссорятся. Они просто воспроизводят игру природы.

Вижу, как она идёт с кастрюлькой к реке, набирает воды, возвращается поливать цветы.

Раз идёт, два, три, пять, семь. Ей не лень. Её никто не просил.

— Доченька, ты думаешь о чём-то?

— Когда?

— Вот сейчас. И вообще, когда что-то делаешь, идёшь куда-то, едешь на велосипеде?

— Нет, — отвечает с лёгкой усмешкой над самой собою. — Ничего не думаю, кажется.

— Молодец. Вся в папу.

Думать о жизни — какое-то нелепое занятие. Всё равно что зашивать себе рубашку и думать про нитку. Много надумаешь?

Хотя сын, её погодок, — как раз думает. Я был не в курсе, что он думает, по его виду нельзя было об этом догадаться, — но мне моя любимая женщина сообщила, их мать.

Она сказала, что он всё видит, всё понимает и выводы его пронзительны.

Я не стал спрашивать, какие именно выводы. Пусть делится своими выводами с мамой. Если посчитает нужным сообщить мне — сообщит.

Они с дочкой учатся в одном классе, мы специально так подобрали — меньше с уроками возиться. Он пошёл чуть позже, чем положено, в первый класс, она — чуть раньше.

Недавно про их класс школьная администрация сняла любительский фильм, я с интересом ознакомился.

Детей спрашивают, о чём они мечтают. Дочка говорит: «Чтобы вся моя семья, все — были здоровы, и не было никаких ссор». — «А кем ты будешь?» — «Когда я вырасту, я буду лечить животных».

Потом о том же самом спрашивают мальчиков, один мальчик хочет быть «самым известным в мире певцом», другой «уехать в Америку и жить на Гавайях», мой говорит: «Я ещё не решил», единственный в классе. Ну, молодец. Не надо ничего решать — слушай жизнь, она выведет.

У него светлые, цвета льна, словно выгоревшие на солнце волосы, он всегда улыбается, у него всегда отличное настроение. Твоё настроение всё решит за тебя.

Старший сын, напротив, всегда серьёзен, ему шестнадцать лет, он недавно узнал, что в Сети попадаются умные или, как минимум, любопытные собеседники (вообще у нас в семье не принято жить в компьютере, равно как и в телевизоре — есть много других занятий, куда более осмысленных, — например, носить воду в кастрюльке из реки к цветам во дворе, благо дом стоит у реки).

Обнаружил старшего сына на форуме музея Сергея Есенина, он там довольно любопытно опровергает версию убийства поэта. Утром зашёл ко мне, говорит: дай ещё что-нибудь по Есенину почитать, доводы кончились.

Я не стал ему говорить, что дураков не переспоришь, они не за этим созданы. Дал ещё один толстый биографический том, читай. Но в стихах и так всё сказано.

Следом обнаружил его на форуме каких-то химиков или физиков, и они там спорили про какие-то частицы, я вообще ничего не понял. Но, подумав, мы с любимой наняли ему репетитора, который поддержит в сыне интерес к предмету, для меня в целом необъяснимому.

Пусть будет хоть один разумный человек в семье, а то сплошные филологи.

Я о нём мог бы много говорить, но он в таком возрасте, когда должен говорить за себя своими словами, своей, отделяющейся от нашей жизнью.

Он добрый, он, наверное, ласковый, но уже не может и не вправе проявлять свою нежность к родителям: он вырос, он почти уже готов на выход. Отправим его этим летом в какой-нибудь армейский лагерь, пусть там живёт как хочет.

Мы дали ему почти всё, что у нас есть.

Если ему будет действительно нужно — отдадим всё остальное.

Но ему уже ничего не нужно, чтобы жить. Сам, сам, теперь сам.

Иногда я оглядываюсь вокруг и понимаю, как мне повезло. Не нужно искать смысл — смысл сам ходит за тобой по пятам. Мне не обязательно держать фонарь над своей головой. Меня и так освещает с четырёх сторон.

ДЕВОЧКА, ОТКУДА У ТЕБЯ ТАКИЕ БОЛЬШИЕ ДЕТИ?

Иногда я сижу с друзьями в модных московских кафе.

Один, без жены. Она в другом городе или в деревне с нашими детьми, а я мотаюсь по всяким делам.

Всё чаще и с удовлетворением замечаю, что моя жена выглядит лучше многих и многих посетительниц этих кафе, модных московских барышень. Иные из них — её (и мои) ровесницы, иные — моложе на десять, скажем, лет.

Но она всё равно выглядит лучше. Не всегда, но очень часто.

Это я говорю не из банальной мужской гордости, к чему мне; я надеюсь быть честным перед вами и самим собой.

Вот пример честности.

Допустим, когда наши дети начинают болеть и вставать по семь раз за ночь поочерёдно — мы с моей женою стареем лет на пятнадцать, и показываться в таком виде людям нам просто нельзя. Но мы показываемся — а куда деваться. Люди сопереживают нам.

Болеют дети периодически, поэтому нас можно застать в состоянии вовсе непотребном.

Но если нам дать неделю — нет, не отдыха, а просто восьмичасового сна, — мы приходим в приличный вид.

Несколько лет назад (тогда у нас было только трое детей) с моей женой в троллейбусе познакомился парень. Вообще с ней часто пытаются познакомиться, но этот оказался старшеклассником. Спросил у неё, в какой вуз она хочет поступать. Она ему не призналась, что закончила вуз десять лет назад, просто вышла на своей остановке, а там её встречал я, с детьми. Чего признаваться-то, и так всё ясно.

Неделю назад было ещё смешнее. Были с женой в магазине, накупили продуктов, она стоит у кассы первой, я за ней. Среди всевозможной снеди у нас бутылок пять разнообразного алкоголя, на будущее. Продавщица посмотрела на мою жену и, не понимая, что мы вдвоём, недовольно спросила у неё, пробивая всякую там водку:

— Мать-то знает, чем ты занимаешься?

— Чья мать? — не поняла жена.

— Твоя, чья же.

Моя любимая женщина не сдержалась и показала удостоверение матери-героини. Было забавно.

Не скажу, что все эти случаи поражают меня наповал, но, когда мне предложили поразмышлять на тему, как совместить материнство и женственность, я пришёл к нескольким не очень сложным выводам.

Вот они.

Женщина, не отягощённая семьёй, мало склонна проводить время в одиночестве, что бы там ни декларировал стремительно утративший свои позиции в России феминизм.

Она любит проводить время с мужчинами, в их компании.

Мужчины освобождаются от своих мужских обязанностей вечерами — и направляются в места, где много света, музыки и женщин, желающих развлечений.

Я человек старомодный, я по-прежнему считаю, что бодрствовать лучше днём, а ночью спать. Человек, который десять или пятнадцать лет своей жизни (или хотя бы выходные) проводит в ночных клубах, — он себя тратит. Свою кожу, свои клетки, свою молодость.

Потом этот человек может целый день отмокать в своих спа-салонах, наносить на себя кремы и лаки — но последствия неумеренного потребления никотина и отсутствие сна всё равно сказываются.

В 1999-м я целый год проработал в ночных клубах вышибалой — и уже через две недели угадывал всех его постоянных посетительниц по плохой коже и некоторой задорной взвинченности, пусть и напускной. Они вовсе не были распутными женщинами — они просто любили отдыхать. И поэтому выглядели так себе.

Скажу вещь трудную и спорную, но мне действительно кажется, что самодостаточность не делает женщину моложе и ярче.

То есть некоторым женщинам втайне кажется, что если она будет в двадцать восемь столь же самодостаточна, как в восемнадцать, то и выглядеть она будет так же. И если она в тридцать восемь будет столь же самодостаточна, как в двадцать восемь, — те же двадцать восемь ей и дадут.

Но эта борьба всё равно обречена на поражение — самодостаточные девушки в восемнадцать лет неизбежно имеют некоторые преимущества перед самодостаточными женщинами на десять или двадцать лет старше их.

Женщине может казаться, что она стала выглядеть хуже оттого, что родила ребёнка. Но чаще всего женщина выглядит иначе ровно потому, что с тех пор, как она себе самой нравилась за удивительную стать, прошло, к примеру, пять лет. А то и десять. При чём тут ребёнок? — это время. Вы думаете, без детей оно не течёт? Оно течёт ещё быстрее.

Лучше бы женщина подумала о том, что приобрела.

Конечно, я прилагаю некоторые (очень серьёзные) усилия, чтобы моя любимая имела доступ к салонам красоты и к любым мастерам этого прибыльного волхования. Изо всех стран мира я привожу ей всякие скляночки и баночки, которые она пробует на себе (недавно призналась мне, что это успокаивает её, когда мы ссоримся), — и потом сообщает, какие подвезти в следующий раз.

Я подвожу.

Однако секрет её молодости, как мне кажется, кроется всё равно в других плоскостях.

Она не знает лишнего веса, с последней беременности не помнит, что это такое. Во-первых, дети качественно, быстро и без остатка уничтожают любые продуктовые запасы. Во-вторых, у неё так много забот, что ей элементарно некогда обедать. Традиционный наш обед выглядит банально: мы садимся за стол, съедаем несколько помидоров, сыр, пьём вино, по бокалу, не больше, потом чай — и дальше бегом по своим делам.

Завтрака и ужина у нас нет. На завтрак — сборы в школу, на ужин — уроки.

Её стрессы касаются в общем и целом только здоровья детей — а они, слава богу, всерьёз не огорчали нас в последние пятнадцать лет. Женщина, пытающаяся нагнать свою судьбу, переживает куда больше. Они ещё и курят очень часто. Очень часто и очень много. Мать четырёх детей не может себе позволить таких вольностей, сами понимаете.

Её жизненный график строг, как офицерская форма, — моя любимая стремится сделать все дела к 21:00 и немедленно лечь спать, потому что в 6:30 у неё подъём.

График удаётся выдержать не всегда, но тем не менее.

Ничего не держит человека в должном тонусе так хорошо, как постоянство, смирение и дисциплина.

Наконец, мы любим друг друга.

Во всех смыслах.

Любим и работаем над собою, а также друг над другом.

Да-да-да, осознавая, что любовь — это не дар, а труд, и ещё какой труд: непрестанный, ежедневный, послаблений не предполагающий.

Впрочем, моя любовь даётся мне гораздо проще — она же красивая, моя жена. Красивая и молодая. Этот мой многодетный, коротко стриженный подросток, брюнетка со вполне себе престижными формами.

...ещё её однажды приняли за мою дочь.

Хотя я вроде тоже нормально выгляжу.

Надо, наверное, поменьше ходить с друзьями в модные московские заведения.

УБИТЬ В СЕБЕ АКТЁРА

Все мы смотрим кино и любим читать всякие глупости про артистов. Вроде давно уже понятно, что ничего такого необычайного не прочитаем, а всё равно тянет.

Одновременно с этим каждый второй из нас уверен, что работа артиста — сущая ерунда, и хлеб свой они едят едва ли не даром.

Если вы вдруг в этом не уверены, то вы тогда каждый первый, а второй — это как раз я.

По крайней мере, до недавнего времени я именно так и думал: актёрская жизнь — это поедание сливок, бесконечные фотосессии и раздача интервью, полных многозначительных банальностей.

Ладно там ещё театр — это куда ни шло: во-первых, в театре надо запоминать огромный текст, во-вторых, такая толпа на тебя смотрит, и если ошибёшься — все заметят, позорище какое!

Другое дело – кино.

Текст можно выучить за десять минут перед сценой, а облажаться совсем не страшно – ну, режиссёр обругает, а вообще на съёмочной площадке все свои, так что пожурят и простят.

В кино я попал совершенно случайно. Мне уже несколько раз предлагали что-то там сыграть, но, прекрасно зная, что никакой природной склонности у меня к лицедейству нет, я немедленно и без раздумий отказывался.

Когда позвонили в очередной раз, и потом ещё несколько раз (я всё не брал трубку), мы с детьми, женою и большой собакой находились в деревне.

Чтоб поговорить по телефону, который в тех местах обычно еле ловит, мне пришлось встать из-за обеденного стола, выйти на улицу и пройти до ближайшего, самого крупного в деревне столба – мобильный более-менее включался только там.

– Чего хотим? – спросил я у телефона, перенабрав.

Мне вкратце изложили суть дела: снимается сериал, хотели бы меня видеть в одной из ролей.

– Да ну, нет, – отмахнулся я.

– Вы всё-таки подумайте, – сказали мне, но я уже отключился.

Вернулся за стол, жена спрашивает:

– Чего там?

– Да вот опять в кино предлагали сниматься.

Тут и возникли непредвиденные факторы. Дело в том, что, когда мне предлагали сниматься в прошлый раз, дети мои были ещё не столь взрослы и убедительны, мало того, возможно, их было на одного-двух меньше.

А тут все четыре как закричат:

— Папа, снимись в кино!

Почему-то им показалось это очень нужным и важным.

Я опять отмахнулся, но они не отставали.

За обедом не отставали, за ужином, и на следующее утро тоже.

Жена почему-то их поддержала, хотя она как раз больше, чем кто-либо другой, охраняет меня от легкомысленных поступков.

Отступать было некуда, близким я не отказываю.

В общем, когда мне позвонили в следующий раз, я сказал: ок, выезжаю.

Сценарий прочитал уже в поезде, да и то — лишь свои сцены. Там сериал на двадцать серий, про бандитов и правоохранителей, я шесть лет работал в этих сферах, мне уже не очень интересно про такое читать.

Обсудили с режиссёром детали, подписали с директором договор, и через две недели я объявился на съёмочной площадке.

Стою, озираюсь. Повторяю про себя текст.

Не скажу, что я был очень напуган, но некоторый мандраж всё-таки почувствовал. Народу вокруг оказалось чуть больше, чем я ожидал, к тому же в моём вагончике переодевались всякие знаменитые артисты, чьих имён я, естественно, не помнил — зато видел их лица в разных журналах и цветных газетах.

На улице была осень, и всех кормили кашей с тушёнкой из пластиковых тарелок.

Медленно вылуплялось на свет хмурое утро.

Как всякий неофит, я думал, что кино снимают подряд — в той же последовательности, что его видят зрители на экране, — давая артисту возможность вжиться в шкуру героя, свыкнуться с ней, стерпеться. Чтоб когда этого героя, к примеру, решат убить, он натурально о своей новой шкуре переживал и в сцене смертоубийства как следует страдал и терзался.

Не тут-то было.

Съёмки начались с последней моей сцены.

В этой сцене меня как раз убивали.

Мало того, что я был морально не совсем готов к новой работе, тут сразу ещё и погибай.

В 9 утра меня начали убивать.

Сцена, в общем, была следующей: я стою на улице с мальчишкой, который по ходу сюжета стал моим другом. Но это по ходу сюжета, а так я его вообще не знаю. Меня окликают двое негодяев и тут же начинают в меня стрелять из пистолетов.

Моей задачей было схватить пацана и бросить его в безопасное место, за машину, самому одновременно получить пулю в спину, — чтобы у меня на спине «взорвался» выстрел, мне привязали на грудь нехитрое устройство, а я должен был, эффектно и быстро повернувшись к камере спиною, нажать на специальную кнопку, — после чего упасть на капот автомобиля, скатиться вниз, обнять мальчика, произнести предсмертный монолог и благородно отойти в мир иной.

...И вот началось.

Услышал, как меня окликают. Схватил и бросил пацана. Выстрелы — нажимаю на кнопку. Падаю на капот, чёрт, больно. Скатываюсь, обнимаю пацана. Произношу монолог. Покидаю бренный мир под прицелом камеры.

Дубль два. Камера. Мотор.

Услышал, как меня окликают. Схватил и бросил пацана. Выстрелы – нажимаю на кнопку. Падаю на капот, скатываюсь вниз, чёрт, это действительно больно. Переворачиваюсь, ой, опять больно, обнимаю пацана. Произношу монолог, стараясь не смотреть ни на пацана, ни на камеры, ни на режиссёра. Покидаю бренный мир.

Дубль три.

Дубль пять.

Дубль семь.

На ногах у меня наколенники, на руках налокотники – но они не спасают, падать с машины на асфальт неизменно больно, и я весь постепенно покрываюсь синяками и ссадинами.

Всякий раз специально обученные девушки наливают мне в рот какой-то розовой жидкости и просят, чтоб я её не пил – во время предсмертного монолога она должна у меня выливаться струйкой изо рта, типа это кровь.

И вот я с сиропом во рту, падаю, жму на кнопку, переворачиваюсь, обнимаю мальчика, говорю... чёрт, опять не течёт этот сироп... Отплёвываюсь, как чахоточный, всем чем могу.

Ещё три дубля. Насколько я понимаю, проблема вовсе не во мне – просто сцену нужно снять с трёх разных ракурсов, к тому же периодически кто-то не вовремя появляется в кадре, или не работает нужный свет, или происходит ещё что-то, мне непонятное, но падать, нажимать на кнопку и произносить в пятнадцатый раз предсмертный монолог, пуская сироп, тихо подрагивая ногами, приходится всё равно мне.

Наскоро пообедав – селёдка под шубой и голубцы носили неистребимый вкус сиропа, – мы приступаем к продолжению рабочего дня.

Я ещё несколько раз был убит и столько же раз попрощался с плачущим мальчиком. Мальчику тоже было не очень хорошо, потому что я бросал его всякий раз всё злее, и, подозреваю, в каждом дубле он жалел о моей безвременной погибели всё меньше.

Часам к девяти вечера я твёрдо решил, что ненавижу эту работу и считаю всех артистов людьми запутавшимися и несчастными.

«Может быть, стоит дать объявление “Переучиваю артистов в писатели?”», – размышлял я, готовясь к очередному акту изобретательного издевательства.

«Приеду – детей выпорю, – обещал я себе твёрдо и остервенело. – Ни разу в жизни не порол, а тут выпорю. И жену...»

От моих размышлений меня всякий раз отвлекал режиссёр, симпатичный парень, по внешнему виду которого вовсе нельзя было предположить изощрённого и хорошо скрытого жестокосердия.

О, этот мир кино.

О, этот ужасный мир кино.

Спасли меня ассистенты режиссёра – милые барышни в многочисленных шарфах и вязаных шапочках, разодетые каждая в два-три пуховика,. Видимо, морозная осень и целый рабочий день на свежем воздухе вынуждали их иметь подобные наряды – но поначалу я принял их за массовку бомжей.

– Захару пора на поезд, – услышал я их ангельские голоса в начале двенадцатого.

Подступала мрачная осенняя полночь.

Режиссёр не реагировал, придирчиво отсматривая очередной дубль в открытой палатке неподалёку. Что-то его опять явно не устраивало.

– Захару пора на поезд, он опоздает, – ещё раз повторили мои ангелы в пуховиках.

– Да-да... – сказал режиссёр неопределённо, вглядываясь в мою очередную попытку умереть с сиропом на устах.

– Осталось меньше часа, – сказали в который раз мои ангелы.

Я тихо подкрался и стоял у режиссёра за спиною, облизываясь, как вампир.

– Захар, спасибо! – сказал режиссёр, поднимаясь. – На сегодня всё!

Ах, с каким чувством я бежал со съёмочной площадки.

Ох, как нервно спал я на своей верхней полке.

Эх, сколько воды я выпил, чтоб истребить вкус сиропа.

Боже мой, как я смотрел на детей и жену, когда вошёл в свой дом!

...Но их заинтересованность в моей работе была столь огромна и горяча, что я решил отложить порку на потом.

Через неделю я сам забыл о своих страданиях и отправился на очередной съёмочный день в столицу в приподнятом настроении.

Съёмочных дней оставалось ещё двенадцать.

В этом фильме я играл плохого человека, который всех убивает.

Так что все остальные съёмочные дни мне было гораздо легче – я стрелял в других актёров, а не они в меня.

«А неплохая, в сущности, работа», — думал я, расстреливая в последний съёмочный день целую автомобильную колонну.

Шёл первый снег, падали и кувыркались машины, актёры грели руки о термосы с чаем, надевали защитные костюмы и подставляли языки под розовый сироп. Им было противно, холодно и муторно.

С тихой улыбкой я заряжал холостыми свою снайперскую винтовку.

ВОЙНА ТВОРЦАМ

Во мху и в паутине

Общаясь с коллегами, у которых не очень сложилась творческая судьба, узнаю много нового, необычного.

Говорить об этом нельзя, но мы будем.

– Дмитрий Быков получил «Национальный бестселлер» и раздал половину денег тем людям, которые помогли ему её получить, – сообщают мне, и тут же спрашивают: – Ты не поможешь мне решить этот вопрос? Скажи там кому надо: я раздам вообще всю премию.

Я молчу и таинственно улыбаюсь.

Я так привык слышать подобное, что уже только молчу и улыбаюсь. Не орать же.

– Мы все знаем, что Алексей Иванов – это издательский проект, – сообщает мне сразу целая группа писателей. – Если бы не его раскрутка – ничего бы не было: он пустое место.

По-прежнему таинственно улыбаюсь и молчу.

Нет бы сказать: «Идиоты, идите и заройтесь в навоз, чтоб вас никто не слышал больше».

— Везде свои да наши, — говорят мне. — Свои двигают своих, нормальным людям туда нет хода.

Потом смотрят на меня и милостиво добавляют:

— А про тебя отдельный разговор. Думаешь, мы не знаем?.. — и тихо смеются, и пихают меня в бок.

Синяк уже на боку.

Что-то они такое знают.

Были времена, когда я пытался спорить. Казалось, что объяснить реальное положение дел очень просто.

— Понимаете, — говорил я, — самое большое количество престижных премий получил на сегодняшний день писатель Михаил Шишкин. Я его немного знаю. Дело в том, что он не имеет и никогда не имел никаких особых знакомств в литературной среде. Шишкин живёт то в Швейцарии, то ещё где-то, вообще не ввязываясь в литературную жизнь России. Приезжает, забирает премию и отбывает. Всё объясняется элементарно: он неплохо пишет, умеет.

Мои оппоненты, как правило, не знают, кто такой Михаил Шишкин, им сложно со мной спорить.

— Понимаете, — посвящал я своих знакомых в таинственное и мрачное закулисье русской литературы, — координатор премии «Национальный бестселлер» Виктор Топоров не очень любил Дмитрия Быкова. В свою очередь, Дмитрий Быков отвечал ему взаимностью. Проще говоря, они друг друга ненавидели. У Быкова не было никаких тайных возможностей завладеть этой премией, равно как всеми остальными премиями на свете. Это крайне сложно, если не сказать — невозможно — чисто технически. И тем более Быкову незачем заниматься этой ерундой. Мало того, вовсе не секрет, что Топоров был всякий раз ужасно раздражён, что придуманную им премию получал Быков. Но ничего не мог с этим поделать.

Люди, слушающие меня, смеются. Они знают, как это бывает, и не хотят, чтоб я держал их за дураков. Они не дураки.

— Понимаете, — прибегал я к последнему доводу. — Алексей Иванов — прекрасный писатель, он написал несколько литературных шедевров.

На меня уже не смотрят. Во мне разочарованы.

— Никакие литературные стратегии не способны привить интерес к сочинениям плохого писателя — если речь идёт про более-менее серьёзную литературу, — продолжал нудить я. — Мне известны несколько очень богатых людей, которые, заработав все деньги на свете, начинали писать прозу. Выход своих сочинений они обставляли пышно, как юбилей любимой мамы: реклама на радио, бегущая строка в общественном транспорте, стикеры в метро, хвалебные развороты в самых тиражных печатных изданиях, и т.д., и т.п.

Итог озадачивал: продано десять тысяч экземпляров первой книги, второй — пять тысяч, третьей — одна тысяча.

Подобных казусов — множество.

Обратных примеров — нет.

Любовь к Виктору Пелевину — народная, искренняя, её не надуешь, как воздушный шарик. Любовь к Людмиле Улицкой – искренняя, и тоже, в определённом смысле, народная, и уж точно никем не придуманная.

Мало того, литература – это не шоу-бизнес, здесь нет многомиллионных прибылей, и даже миллионные встречаются крайне редко. Тут нельзя поставить на кон золотую монету и получить мешок монет в качестве чистого кэша.

Так что издатели давно ни на кого не ставят, а тихо ждут, когда что-нибудь само прорастёт.

В литературе не так много легковерной публики, которую можно обмануть.

Огорчённые невниманием сочинители искренне верят, что читателям можно навязать любую ерунду. Слушайте, у нас в России серьёзную литературу читают считанные тысячи человек. Вы всерьёз считаете их идиотами? Но если они идиоты, которые покупаются на любую чушь, – зачем вам нужны такие читатели?

Оппоненты молчат и хитро улыбаются.

Да, чуть не забыл про самое главное! Все знают: литературу ещё в девяностые захватили люди заезжие и правят там свой бесовской бал.

– Э! – просил я своих собеседников. – Годы девяностые – в некотором смысле уже история. Но взгляните сегодня на новую литературную генерацию: Михаил Елизаров, Денис Гуцко, Роман Сенчин, Дмитрий Данилов, Сергей Шаргунов, Андрей Рубанов – всё русские ребята. Такие морды – смотреть страшно. Ни одного приличного интеллигентного лица. Есть ещё Ильдар Абузяров, он татарин, – ну то есть опять, считай, русский. И Герман Садулаев, чеченец. И Алиса Ганиева, дагестанка.

Имеется в наличии, чисто для разнообразия, Олег Зоберн, но он самый несчастный в этом поколении и самый обиженный. Вопреки здравому смыслу и тихим надеждам Зоберна, самый русофобский в мире «Русский Букер» достаётся то харьковскому молодчику Елизарову, то ростовскому казаку Гуцко. Что характерно: глава жюри, земля пухом, Василий Аксёнов отказался в своё время вручать премию Гуцко, потому что очень хотел отдать её своему другу Найману, а милейший Александр Кабаков пришёл в ужас от победы Елизарова, назвав его роман «фашистским трэшем».

Но даже такие титаны ничего не могли поделать с нашими чернозёмными самородками.

«Может, плохо знают молодых?» – думаю я кисло, разглядывая оппонентов.

– Ну, смотрите тогда на следующее поколение – пятидесятилетних! – восклицаю. – Чьи имена на слуху? Про Алексея Иванова уже говорили, ладно. А русского писателя-почвенника Алексея Варламова, кстати, лауреата «Большой книги», знаете? Такой, с бородой? А? Нет? А русского писателя-почвенника Олега Павлова, кстати, лауреата Букеровской премии, знаете? Тоже такой, с бородой? Опять нет? А ещё одного русского писателя, правда, без бороды, зато из Тульской области, – Александра Терехова?

Страшно молвить, но ведь и Виктор Пелевин – русский писатель. И, не бросайте в меня чугунком, Владимир Сорокин – не менее русский писатель.

Мы уж не говорим про Юрия Полякова.

В книжные магазины-то ходите, милые? И что, никого не увидели там, кроме Шендеровича?

...Есть, никто не спорит, и некоторая компанейщина, и клубы по интересам, и застарелая вражда, и премии для своих, и журналы для наших, и государственное осмысленное оглупление реально самого читающего в мире советского читателя, и прочее, и прочее.

Есть, наконец, собственная человеческая судьба, которая иной раз гнобит человека так, как никакие окололитературные твари не сумеют.

Но главная социальная проблема всё равно заключается в другом.

В России писателей теперь больше, чем читателей. С какого-то момента это перестало быть риторической фразой и превратилось в скучную статистику.

Смотрите.

Если подсчитать членов всех писательских союзов — наберётся тысяч пятьдесят человек. Если прибавить к ним авторов литературных «толстяков», далеко не все из которых являются членами союзов, — ещё тысяч десять. Плюсуйте пользователей сайтов «Проза.ру» и, навскидку, «Художники войны», — вот вам полмиллиона одних писателей.

А среднестатистический тираж книги — три, ну, пять тысяч экземпляров!

Как же так может быть?

Если б писатели читали друг друга — мы бы жили в своей маленькой прекрасной стране, с десятками и сотнями тысяч друзей и соратников, понимающих и слышащих всякого пишущего.

Но дело обстоит несколько иначе.

Вот вы, к примеру, писатель, и, читая этот текст, ужасно сердитесь на меня. А теперь перестаньте на минутку сердиться и вспомните, сколько книг наших современников вы прочли за последний месяц. Ни одной ведь? А за год? Три? Две? И до конца дочитали?

Нет? А чего там читать, правильно, чушь всякую.

Но чего ж вас-то должны читать до конца?

Жизнь порой бывает несправедливой и подлой, но чаще всего она просто платит человеку взаимностью.

Нынешние писатели – они сплошь и рядом читатели так себе.

По моим наблюдениям, читают книги люди, которые сами, как правило, ничего не пишут. Их осталось мало, но они ещё есть, и на них вся надежда.

Сколько раз я бывал на спецкурсах и лекциях для молодой литературной поросли. Если, к примеру, литературные встречи проводятся далеко за городом, куда надо ехать час-другой-третий, молодые писатели ведут себя как среднестатистические пассажиры метро и электричек: смотрят на пейзажи и думают свои ужасно умные мысли. Нет бы книжку достать, полистать. А когда раскроют свои багажные сумки – там и нет никаких книжек. Только собственные рукописи.

Как сказал один молодой писатель: «Я не читаю книг и не считаю нужным. Ведь корова, которая даёт молоко, – сама не пьёт молока».

Каков остряк. Только не спрашивай теперь, почему за твоим молоком не строятся в очередь. Мало ли откуда ты его надоил.

Помню, в середине нулевых года три провёл я на литературных семинарах в Липках, самых масштабных в России. Там набирали группы из десятка-другого молодых литераторов со всей страны – и с этими группами работали настоящие взрослые писатели: два мастера на каждый класс.

Общаясь со своими одногруппниками, я вскоре осознал очень важную вещь: они, за редкими исключениями, не читали ни одной книжки своих мастеров и делать этого не собирались.

А мастера-то их читали! Всех, кто был в группе! Ну, они старые, эти мастера, им заняться больше нечем.

Впрочем, эти мастера – тоже тоскливые исключения.

Потому что иные провинциальные отделения писательских союзов – кошмар не меньший, чем сборы молодых и ранних. Тут молодые, самодостаточные и надутые дураки, там – древние и озлобленные. Ничего давно не знающие, но всех презирающие неистово и горестно.

Влезут в свою паутину, покроются мхом, вырастят мутные, подозрительные глаза – и глядят этими подозрительными глазами из паутины: не жид ли приехал? А кто тогда?

«Вы там, в своей Москве...», – говорят.

Я к ним в их миллионник приехал из своей деревни, где живёт пять человек, а они мне про мою Москву рассказывают, вот ведь, а.

Хотя большинство из них, слава богу, и не доходят на встречи.

Видел тут в одном чудесном писательском блоге запись: «К нам в Петербург приедут Быков и Прилепин. Не хочу отвлекаться на эту мелкотравчатую суету. Лучше пойду и напишу несколько волшебных строк».

Прелесть.

Иди напиши несколько волшебных строк, волшебник.

Своим волшебным пером.

ДОСТОЕВСКИЙ КРУЧЕ, ЧЕМ НЕФТЬ

Профессию литератора скоро упразднят. Надо это спокойно признать.

Маяковский и Есенин жили на свои стихи. Вознесенский и Рождественский очень хорошо жили на свои стихи. Астафьев и Белов жили на свою прозу. И Василий Аксёнов тоже – пока не уехал.

Те, кого публиковали, – жили на свой литературный труд.

Те, кого не всегда публиковали, – работали кем попало. Отсюда апокриф, что Андрей Платонов был дворником при Литературном институте. Вот какая, мол, проклятая советская власть. Сегодня сорок лучших писателей могут устроиться дворниками при всех институтах Москвы – никто и бровью не поведёт: а чего вы хотели, господа? Чтоб вас кормили за ваши метафоры?

Есенин в 1924 году хвалился, что только ему, Маяковскому и Ахматовой платят по рублю за строчку.

Рубль — он весил тогда. У Маяковского была первая в Москве иномарка, с личным шофёром. Есенин вывез из деревни в Москву двух своих сестёр, снял им жильё, они начали учиться.

Есенину было двадцать девять лет, пацан, когда с ним встречался Троцкий, а Фрунзе требовал, чтоб поэту организовали на советском Кавказе видимость Персии. А то страшно отпускать в Персию такого ценного человека — сочинителя стихов.

Может, вы не знаете, так я расскажу: сегодняшний поэт, перебравшийся в Москву, — это такой весёлый бомж, которому никто, никогда и ни за что не платит. Нет в природе ни Троцкого, ни Фрунзе, никакому чиновнику даже в голову не взбредёт позаботиться о поэте. Впрочем, вру, Михаил Ходорковский выплачивает десяти (очень хорошим) поэтам ежемесячные стипендии — но это всё-таки другая история.

...потом, конечно, за стихи ещё и убивали — не надо нам об этом напоминать, мы в курсе.

Потом снова не убивали, а только иногда грозили им кулаком и обещали кузькину мать. Поэты делали вид, что очень пугались.

На публикацию подборки стихов в толстом журнале при соввласти можно было сносно существовать месяц, а то и больше, за книжку же давали столько, что хватало на полгода богемной жизни.

Сотруднику ГАИ можно было показать «корочки» члена Союза писателей, и в ответ лейтенант отдавал честь, «корочки» возвращал и говорил: «Аккуратнее, товарищ писатель!»

Первый акт нашей весёлой драмы случился в «перестройку».

Не поверите, но это сами литераторы первыми начали голосить: отчего это наш брат существует на свои доходы от книг, что за ерунда?

«Нигде в мире, — рассказывали нам, — такой ситуации нет! Она ненормальная! Все писатели существуют на должности “профессоров при университетах” — читают лекции и получают за это».

Инициатива, конечно, принадлежала тем, кому не очень доставалось от литературного пирога в советские годы, но всё равно, право слово, всё это несколько отдавало идиотизмом.

Вот мы имели ситуацию, при которой поэты — поэты! — зарабатывали на хлеб поиском нужных рифм и стихотворных размеров — нигде в мире действительно ничего подобного не было и уже не будет, — но вместо того, чтоб порадоваться подобному обстоятельству и гордиться им, мы самозабвенно обругали и разрушили свои уникальные достижения.

«Будем ходить в рванье и похмеляться плохим пивом, лишь бы доказать, что советский режим — дурак» — такова была позиция писателя. Сам ты дурак.

Российские университеты, естественно, не в состоянии никаким литераторам платить достойную зарплату за лекции, поэтому «цивилизованный европейский вариант» у нас не прижился.

При университете трудился, навскидку, один Евгений Александрович Евтушенко, но университет этот находится в США.

В итоге среднестатистический русский писатель, занимающийся, с позволения сказать, серьёзной литературой, а не производством дамских романов или серийных детективов, стремительно превратился в маргинала.

На Западе, открою я вам тайну, писатель давно уже маргинал: живёт на стипендии (если дадут), выступления в библиотеках (если позовут) и прочие параллельные доходы. Но у нас, как мы помним, стипендии писателям приходило в голову выплачивать только отдельным з/к, а библиотеки такие бедные, что не то чтоб писателя привезти в гости — они и книг-то его не могут купить.

Девяностые и «нулевые» писатели переплывали на подручных средствах.

Во-первых, пилили всевозможные литературные фонды: эта глупая советская власть надавала писателям земель и зданий, а когда она самоликвидировалась, самые ловкие из пишущей братии успели пристроиться к «активам» и «пассивам». Эхо кромешного межписательского дележа по сей день время от времени выплёскивается в прессу. Писателя Юрия Полякова не так давно вообще чуть не убили вместе с женой на родной переделкинской даче.

Во-вторых, литераторы действительно пошли работать кто куда — но на этот раз ни одна сволочь не печалилась об их судьбе; сами же писатели, сидевшие в своих дырах без света и тушёнки, отчего-то предпочитали рассказывать про страдания Андрея Платонова, а не про то, в кого они превратились. Блаженные, да и только.

Помню, разговариваю с бардом Александром Дольским, говорю: «Что ж вы так ругали прежние времена — вас тогда не издавали, но и сейчас не издают. Зато тогда у вас вышло десять дисков на "Мелодии", которые разошлись миллионными тиражами». «Зато сейчас я могу издать книгу на свои средства», — уверенно ответил он мне.

Кто угодно может. Тираж 500 экземпляров, 480 хранятся у автора под диваном. Издал на собственные деньги книжку, осталось докупить на собственные деньги читателей.

...появились, впрочем, премии: сначала «Триумф» Березовского, потом «Русский Букер», следом «Нацбест», «Дебют», «Ясная Поляна», «Большая книга» и прочие. Премия – это интерес читателя и живые деньги. Какому-то количеству литераторов стало перепадать, что называется, с барского стола. Премиальная рулетка крутится, а литературоцентричная система в целом – распалась.

«Толстые» журналы ещё выходят, но уже не платят. С каждым месяцем их читает на сто читателей меньше. Осталось тысяч пятьдесят читателей на всю страну. Литературные газеты живут на невнятные средства, обслуживая смутные интересы своих редакторов, и тоже, конечно, не дают авторам ни рубля. По сей день ума не приложу, что делают и как живут писатели в Омске, Нижнем Тагиле и Красноярске.

«Живых классиков» и новое поколение литераторов как-то спасали собственно сами книгопродажи: после почти полного провала интереса к русской литературе в девяностые, в «нулевые» начался очевидный всплеск. Того миллионолицего многолюдья читателей, что имелось году в 1961-м или в 1987-м, конечно, ожидать не приходится, но книжные магазины заработали, а на писательских ярмарках стало собираться столько народа, что не протолкнуться. Собственно, и сам литератор вновь стал узнаваемым лицом, почти соразмерным рок-звезде. По крайней мере некоторая часть из числа литераторов. Человек, скажем, десять. Лимонов появляется на обложках и в новостных лентах не реже Юрия Шевчука. Проханов, Улицкая, Быков и Токарева собирают на свои встречи людей не меньше, чем группа «Алиса». Пелевин пребывает в статусе поп-идола — наподобие Гребенщикова. Поэт Вера Полозкова перемещается по модным клубам всей страны не хуже группы «Сплин». Нигде в мире такой ситуации нет и быть не может, когда три писателя (и три журналиста) могут собрать на одной площади Москвы митинг против власти, а другие три писателя (и три журналиста) — собрать почти столь же многолюдный митинг за власть.

Книжные тиражи, несмотря на весь этот бурный шум, до небес не взлетели (такое ощущение, что людям хватает писателя в ток-шоу и на газетных полосах: читать собственно его сочинения уже не обязательно), — однако какой-никакой прикорм литератору всё равно обеспечивали авансы и роялти.

Но тут подошла в упор и заглянула в глаза новая напасть.

Недавно ваш покорный слуга столкнулся в социальной сети с одним из представителей этой напасти.

Затеялся шумный разговор о том, что пиратство — это дурной вкус. За пиратство выступают, как правило, те, кто сам ничего не производит, утверждал автор скандального поста.

Я легкомысленно и без малейшей агрессии поддержал эту точку зрения. Отчего бы литератору бесплатно тиражировать результаты своего труда, когда сапожник своих сапог не раздаёт, а кафе не кормит нас бесплатными обедами.

Характерно, что в сетевой склоке пиратство тут же поддержало несколько сочинителей, чьи имена мне ничего не говорили в принципе, хотя я достаточно осведомлённый в этом смысле человек. Происходящее удивительным образом напомнило постсоветскую ситуацию, когда люди с несложившейся судьбой ввели термин «совпис» и на этом основании отказали всем поголовно писателям в праве получать свои красные червонцы или медную мелочь.

Сетевой разговор завершил очень продвинутый человек, прямо объявив, что, пока все летят на сверхзвуковых самолётах, я еду на своей лошадке и смотрюсь смешно.

«Мир уже другой, — сказал он мне назидательно. — Теперь всё принадлежит всем».

«Как же так, — хотел я ответить. — Ваше мне никак не принадлежит, а моё — гипотетически — вам уже досталось».

Но я ничего отвечать не стал, потому что всё и так ясно: «То, что нам нужно, — мы будем воровать и пользовать, остальное — в утиль. Что вы по этому поводу думаете, нас не волнует».

Если музыкант, которого обворовали, может поехать на гастроли, а режиссёр, которого обворовали, получит от кинокомпании или телеканала денег (иногда очень много денег) на новый фильм — то литератору делать совершенно нечего. Ему никто никогда ничего не даст.

В этом месте отдельный воинствующий хам, конечно, хмыкнет: мол, проживём и без ваших сочинений. Но тут есть как минимум один контрдовод, который дойдёт даже до хама.

Как ни крути, но вся глобальная киноиндустрия в целом была построена на достижениях мировой литературы. Сюжетные ходы, психологические развязки, типические герои, экзистенциальные душевные метания, человеческие реакции, незримые или навязчивые метафорический и образный ряды, — всё это позаимствовано у литературы. Мало того, запас литературных наработок настолько мощен, что даже тысячекратно растиражированные типажи и сюжеты, созданные творцами словесности, не потеряли, как это называют, актуальности и даже, знаете ли, свежести по сей день.

У нынешнего литератора, по сути, есть только один выход: бежать в киноиндустрию. За среднестатистическую книгу, которую писать надо минимум год, пока ещё платят тысячу долларов или пять, ну, в крайнем случае, десять; а за среднестатистический сценарий, который можно слепить за три месяца, заплатят тысяч двадцать долларов, а то и тридцать пять, а некоторым и сто.

Не вникающий в суть этих тонкостей читатель спросит: ну а что за беда? Ушли и ушли — будут теперь не книги, а кино.

Беда есть, и я сейчас объясню на пальцах, в чём она заключена.

Роман «Анна Каренина» лучше, чем десять сценариев по роману «Анна Каренина», которые написали, когда по всему миру делали (и делают) культовые экранизации этой вещи. Роман будут читать и впредь, пока существует человек разумный. А кино устаревает через год, крайне редко живёт лет десять-пятнадцать, в самом исключительном случае — полвека.

Даже писатели не самого первого ряда без проблем остаются нашими современниками. Любой нормальный человек возьмёт Гаршина, Замятина или Шмелёва в руки, и всё поймёт, и заплачет, если не очерствел. Но кто будет смотреть кино столетней давности? Через сто лет Гаршин останется Гаршиным, а от нынешнего кино не останется ничего. Жаль, но это так.

Ясна разница, нет? Писатель создаёт смысл и упорядочивает язык; в конечном итоге русские – это народ, который придумали автор «Слова о полку Игореве», Державин, Гоголь и Тургенев с Лесковым. А сценарист по большей части развлекает человека с ленивым сознанием. А если сценарист – бывший писатель, то он ещё и замыливает свой дар, разбазаривая на ерунду то, что могло стать настоящим текстом. Идёт игра на понижение. Читатель – всегда умней зрителя. Потому что читатель тоже работает, а зритель только наблюдает.

Недавно в Европе проводили большой опрос, интересуясь у иностранцев, что для них Россия. Половина опрошенных вообще не помнит, что это такое. Зато больше четверти сказали, что Россия – это Пушкин, Достоевский и Толстой. И лишь на третьем месте был ответ, что Россия – это нефть, газ, матрёшка и мафия.

Наша словесность – в мировом восприятии – это всё, что мы есть. В конечном итоге любой народ живёт собственной мифологией и собственной поэзией, а если этого нет – то и народа нет. Народ сходит на нет, и от него остаётся миф, сказка, поэтическая строчка.

Воинствующего хама не остаётся вовсе. Но он об этом, конечно, ничего не узнает.

...хотя, знаете, сочинители, поэты и художники в России останутся всё равно. Они и на голодном пайке не угомонятся.

Можно даже суровый налог ввести на их работу – так они будут петь себе в убыток.

Если они не молчали, когда в них стреляли, – неужели ж они замолчат, если их перестанут кормить.

Лети, эпоха, на сверхзвуковых скоростях. Сочинитель на своей лошадке неизбежно нагонит тебя.

ЧЕЛОВЕК И К

«Я ненавижу, когда закомплексованный человек реализует свои комплексы за счёт других людей, — сказал один мой прогрессивный знакомый. — Когда люди, измученные комплексами, претендуют на чужую землю, на воссоздание империи, стремятся унизить другие народы — во имя никому не понятных целей».

Всё так, всё так. Сложно спорить.

Маленькому человеку страшно быть меньше себя. Ему хочется быть в банде.

Бандой могут быть пять подростков во дворе (у самого старшего наколка, приводы, мать уже не ругается на него — иначе он посылает её к другой матери).

В банде маленьким кажется, что они почти взрослые.

Бандой может быть футбольный клуб и всё клубное фанатьё (они объездили всю страну, их нога вступала на твердь иных континентов, в них клокочет природа, в них вечно эрегированная сила).

Бандой может быть страна, империя, а может быть и, не поверите, община единоверцев.

Может, с тобой что-то не так, когда милосердный Бог хранит только тебя и подобных тебе? Когда только ты осознал Его благость, и Его защита направлена исключительно на тебя, а все остальные лежат во зле и червиво копошатся там, не узнав истины и света?

С такой платформы, как вера, так удобно смотреть на суетный и глупый мир, где любой жест, любая слава, любая удача, — не стоят и ломаного гроша.

Собственно, не стоят ничего, — и лишь ты незаметно как забрался Господу Богу на хребет, и, понукая его пятками, покрикиваешь на атеистов, язычников, маловеров: «...эй, тараканы! Смотрите, какой ценой куплен я! Смотрите, на ком я еду!»

Господь круче «Лексуса», йоу. Ты-то уже без пяти минут в раю, ты заслужил — а они, увы, нет. Их, конечно, жалко, но ты же их предупреждал о жизни вне Бога, чего они хотят теперь?

Глупо доказывать, что нет людей, лишённых комплексов, среди настроенных самоуверенно, агрессивно, злобно.

О, каких там комплексов только не встретишь.

Политики маленького роста желают больших женщин. Убитые бытом желают белого коня и въехать на нём в королевский дворец. Холопы мечтают о дворне. Дворня — о челяди. Любой человек способен измерять мир только сообразно своему уровню интеллекта.

Дурак видит оскорбление в любом персонаже, использующем сложные инструменты в постижении мира.

Дурак может быть просто дурак, это ещё полбеды. Но он может быть революционером. Может быть военным. Может быть политиком. Может быть писателем. Может быть глубоко верующим человеком, а то и проповедником.

К счастью, чаще всего он просто тупая гопота, но случаются исключения.

Случаются и дорого нам обходятся.

Назвать «дурой» свою страну может только подонок.

Но кто станет скрывать: Россия действительно сегодня ощущает себя обиженной, всеми плюнутой, холопьей, нелепой, плохо накрашенной, сутулой, разутой, сопливой. У неё комплекс. Сто сорок миллионов комплексов, согласно количеству населения.

Стране хочется взять палку и ударить кого-нибудь по спине: «А? Каково? Как я тебе? Узнал силу моего оружия?»

Сложно понимать это – и любить её, и разделять чувства крикливых толп, страну населяющих.

Тут есть только одно «но».

Разве комплексы людей, желающих видеть свою страну большой, чем-то отличаются от комплексов тех, кто желает видеть её, к примеру, маленькой? (Иногда это называется – «нормальной»; хотя никто не объяснит, почему и США, и Люксембург, и Австралия, и Швейцария – в пределах нормы, и только Россия – нет: норма у неё начинается от Урала).

Только что в народном журнале, с названием, от которого можно прикуривать (он и прикурил нам процесс под названием *perestroika*), прочитал статью видного писателя на тему «Бацилла империализма». От этой бациллы, считает он, нужно избавляться, потому что мы захватывали и убивали всех и всюду, в нашем позорном списке злодеяний – Астрахань, Казань, Новгород, Сибирь, Украина. (Великая Британия тоже захватывала, подмечает писатель, но в отличие от нас Британия несла «просвещение» – оценили разницу?)

Зададимся вопросом: есть ли у этого писателя комплексы? Или комплексы только у его оппонентов?

Если вся Россия – не только её география, но и её культура, – произошла от этой «имперской бациллы» – так ли мы уверены, что её надо убить и прижить вместо неё милейшую на вид бациллу антиимпериализма?

Человек, который хочет воевать, – закомлексован, ок, мы приняли к сведению. А человек, который отказывается не то что воевать, но вообще отдавать любые долги, с позволения сказать, Родине – будь то служба воинская или служба альтернативная, – у него, значит, нет комплексов? Он редкостно здоров?

Тот, наконец, кто считает, что у него есть Родина, – он более закомплексован, чем тот, кто мыслит себя гражданином мира, а понятие Родины – устаревшей абстракцией?

Убедили: человек, спрятавшийся за своего необъятного Бога, может быть носителем личностных страхов и преодолевать свои детские травмы при помощи религии.

А человек, утверждающий, что религия – пристанище мракобесия, – он априори более здоров? Кто это сказал?

В двадцать два года я пришёл в запрещённую ныне законом Национал-большевистскую партию. С тех пор я тысячу раз слышал от своих снисходительных буржуазных оппонентов, что всякими революциями увлекаются исключительно закомплексованные неудачники, которых не любят женщины.

Потом что-то сместилось в пространстве, и вот уже креативная буржуазия сама устремилась на митинги. Но ими, само собой, руководят уже не комплексы. Или как?

Может быть, тогда перефразируем афоризм «Ад – это другие» на «Комплексы – это у других»?

Тобой движет чувство справедливости, а другим – то, что у него в детском садике отбирали совок. Ты побуждаем чувством долга, а другой руководствуется своими тайными страхами перед одиночеством. Ты – воплощение здравого смысла, а другой – психопат, скрывающий свои психозы и неврозы.

Так прикольней смотреть вокруг, но вообще в подобном представлении о мире есть очевидные недостатки.

Все в курсе, что у этой огромной России огромные имперские комплексы. А у Европы, по которой Россия периодически проезжала то на лошадке, то на танке в погоне за порождённым просвещёнными европейскими народами монстром, вроде фашизма, – комплексов нет?

По-моему, всё несколько сложней.

Нам не у кого научиться жизни без комплексов.

Да и есть ли эта жизнь? Да и жизнь ли это?

ХОЖДЕНИЕ ПО СЧАСТЬЮ

Дружба – наивысшая стадия бескорыстных отношений.

Родитель и ребёнок – тут всё понятно. Муж и жена, любовники, сёстры, братья – всё это тоже объяснимо.

И вдруг дружба.

Два по сути посторонних человека вдруг рады друг друга видеть, хотя не связаны никакими узами, бросаются друг другу на помощь, звонят друг другу ночами, тратят друг на друга последнее, ну и тому подобное.

Чаще всего всё это касается, простите, мужчин.

Не знаю, как в иностранных языках, а в русском даже сами определения личностных отношений между мужчинами и между женщинами звучат с удивительно разным наполнением. Вслушайтесь и сравните: «подруги» – «друзья».

Наивысшая форма дружбы — это, естественно, воинская служба. Служили два товарища, три товарища, четыре мушкетёра.

Замените всё это на женский род и умилитесь: как вам кинокартина «Служили две подруги» или роман «Три подруги»? Как-то сразу не верится, что там пойдёт речь об удивительной дружбе. Какие-то совсем другие ожидания от вещей с такими наименованиями.

В «Трёх подругах», после пылкого периода дружбы и удачных замужеств, героини обязательно разойдутся по своим делам — длить и длить женскую дружбу нет никакого смысла; зачастую это противоестественно.

«Четыре подруги двадцать лет спустя» или «Четыре подруги тридцать лет спустя» — это просто кошмар какой-то: я б и не рискнул такую книгу открыть.

Женская дружба уживается, как правило, в форме родства — отсюда «Три сестры» Чехова и «Сёстры» А.Н.Толстого (первая, и лучшая, часть «Хождения по мукам»).

Женщины дружат с детьми и мужьями. Женщины ждут их.

А мужчины к женам и детям — возвращаются: разница.

Женщины вполне могут никого не ждать, желая сохранять свою свободу, — ну, тогда к ним никто и не вернётся.

Можно сколько угодно сердиться на мой мужской шовинизм, но проверяется сказанное мной до банального просто. Мужчина, отдавший жизнь за друга, — это обыденность, таких случаев — тысячи, они увековечены в мировой мифологии, истории, поэзии, об этом написаны тома книг.

«Отдать жизнь за други своя» – признак высшего состояния мужского (человеческого) духа.

Женщина, которая жертвует жизнью за свою подругу, – это алогизм, моветон, это нелепица какая-то. Зачем ей вообще было этим заниматься – у её подруги что, не было парня, чтоб пожертвовать собой?

Если хорошенько порыться в мировых литературных сокровищницах, то, конечно, можно найти примеры и на этот счёт – но зачем? Лично мне категорически не хотелось бы, чтоб женщины занимались такой ерундой, как самопожертвование, измеряя свою дружбу мужскими категориями. У женщины много других занятий, где она даст фору мужчинам.

Если вы по-прежнему категорически не согласны со мной, то вспомните хоть одну песню вроде «Если друг оказался вдруг...», только про женщин. Или хотя бы строчку наподобие «Друга я никогда не забуду, если с ним повстречался в Москве».

Если вспомните – буду счастлив.

Но вы не вспомните, потому что поэзия не врёт.

Мужская дружба – поэтична, женская годится только для фривольного сериала.

Мужчинам, говорю, лучше всего дружить на войне. Это идеальное место для дружбы.

Можно, впрочем, встретить друга в горах, как у Высоцкого, или в Москве, как в другой вышеприведённой песне, – но это всё исключения; да и где теперь та Москва, о которой пелось. Посмотришь на Москву – и сразу пропадёт желание такое петь.

Вдвойне трудно дружить во времена, когда достаток и успех стали понятиями определяющими, а вернее – подминающими любую суть.

Проще всего дружить либо когда у друзей нет ничего, зато есть радость о бытии (иногда оборачивающаяся тоской о несделанном) – либо когда у друзей есть всё плюс радость о бытии (но и она тоже иногда оборачивается тоской о способах уже достигнутого ими).

Не позавидуешь мужчинам, которые пребывают в состоянии соревнования – один богаче, другой бедней, один талантливый, другой не очень, один забравшийся с ногами наверх, другой задумчиво расположившийся внизу. Какая уж тут дружба – для поддержания таких отношений нужно иметь крепкие нервы.

Мужской дружбе претит дух соревнования. Едва он появляется, в мужской дружбе неизбежно проступает что-то женское. Когда мужчина дружит, он не должен оглядываться на своё отражение, проходя мимо любой стеклянной поверхности, и вообще задумываться о том, как выглядит.

Настоящий мужчина лучше всего выглядит, когда он равен себе. В то время как для женщины быть равной самой себе – единственный вид роскоши, который может не прибавить ей шарма.

В советские времена (сейчас читатель опять хмыкнет) демократии для поддержания мужской дружбы было куда больше, чем сегодня. В нашем деревенском доме за одним столом, вокруг моего отца, сидели председатель колхоза, поэт из большого города, комбайнёр, собиратель краеведческого музея, водитель с овощной базы. Сам отец был директором школы. Его товарищей ничего не разделяло.

По большому счёту они ничем особенным не могли быть друг другу полезны — друзья моего отца дружили за так и помогали друг другу просто так: исключительно из чувства душевного родства. На мой вкус, возможность таких отношений и есть главная демократия, все остальные демократии — от лукавого.

Помимо демократии для дружбы необходим некоторый излишек свободного времени — и он тоже имелся: восьмичасовой рабочий день — штука крайне важная, что бы ни говорили.

Ещё для дружбы нужна музыка — музыка звучала.

Помню, у мамы был день рождения, тридцать лет, а отец забыл купить ей подарок — впал в состояние непобедимой дружбы за неделю до праздника, и забыл из него выйти.

Утром, когда пришло время накрывать праздничный стол, отец вдруг понял, что ситуация критическая. Выйдя покурить на крыльцо, он попросил друга — того самого водителя с овощной базы — съездить в город и купить большое зеркало — у нас не было, а мама хотела на себя любоваться.

Ситуация усугублялась тем, что водитель, равно как и папа, в этот момент находился в бодрой и радужной степени алкогольного опьянения. Вдобавок к тому он имел уже два прокола в правах — и третий прокол оставил бы его без работы.

Но это ему не помешало сорваться на своём грузовике в город.

В городе выяснилось, что сегодня выходной — а советские магазины имели обыкновение в воскресенье закрываться. Друг проявил до сих пор скрытые способности детектива и нашёл директора магазина (могучую женщину с бетонным характером). Невиданными обещаниями (впрочем, овощная база предоставляла некоторые возможности) уговорил её открыть магазин на пять минут.

Денег не хватило — и он оставил в залог свои часы, перочинный нож и обручальное кольцо.

Купил, или, в некотором роде, обменял зеркало.

Дальше ситуация совсем вышла из-под контроля. Его едва не поймали работники государственной автоинспекции — они помчались вслед, когда грузовик не остановился на взмах волшебной палочки, и почти уже нагнали правонарушителя, но там, где дорога с асфальта свернула на просёлочную, милицейские «Жигули» влезли в грязь и временно погибли.

Ладно бы только это! Зеркало друг отца положил в кузов грузовика — даже не закрепив его: мужчины не склонны думать о таких мелочах. Всю дорогу, включая погоню и бешеную езду по осенним лужам и прочим буеракам, зеркало летало по кузову взад-вперёд и наискосок.

Но не разбилось. Мужская дружба сохранила его.

Друг практически подвески королевы доставил в урочный час моему отцу — разве это не прекрасно?

У меня ещё сто подобных историй хранится в памяти.

Да, дружбы имеют обыкновение прекращаться — в том числе и мужские. У мужчин не настолько много здоровья, как им кажется. Здоровье периодически заканчивается непосредственно в процессе дружбы.

Иногда — насовсем.

И тогда наконец приходит черёд женским дружбам.

Все те, кто сидел у моего отца за столом, – умерли. Зато живы жёны этих друзей, наши матери.

Теперь они дружат за мужей. Теперь они дружат – про мужей.

Музыки стало чуть меньше, бравады несравненно убавилось, не звучит отцовский аккордеон и никто не катается по деревне на грузовике, пугая кур.

Но всё перечисленное присутствует незримо в нас, рядом с нами и над нами.

Теперь я привожу в деревню своих новых друзей. Жёны моих друзей присматриваются друг к другу.

ВРАГ МОЙ САМОЗВАНЫЙ, ВСЁ ТОЛЬКО ДЛЯ ТЕБЯ

Вышел покурить — попал в центр прений.

Отправился в шлёпанцах в магазин за хлебом — оказался посреди митинга, дали мегафон в руки, крикнул: «Оставьте меня в покое!» — все подхватили.

Тебя всё время норовят втянуть в идеологические баталии.

Настроили баррикад, не пройти, ни проехать.

Пока добираешься невесть откуда пешком до своей конечной остановки, всё время приходится то на одну баррикаду забираться, то на другую.

В итоге то здесь ногу отдавишь патриоту, то там голову либералу.

Обижаются, кричат вослед. Помнят потом про тебя только плохое, другим рассказывают.

А ты идёшь себе. Дома чай, дома дети, дома огромный пёс: откроет пасть — там как печь.

Иметь врагов скучно. Всё время нужно заставлять себя искренне разозлиться.

А на что, собственно?

Человек переживает о тебе, ты заботишь этого человека, ты спать ему не даёшь, можно сказать: он имеет к тебе чувство, он имеет к тебе страсть.

Живёшь тут, печали не знаешь, а, оказывается, кто-то думает про тебя непрестанно, тайно, незримо живёт с тобой, мучается больною душой обо всех твоих радостях, искренне и тепло радуется всем твоим печалям.

Ругать человека за то, что он тебя ненавидит, – то же самое, что проклинать влюблённого в тебя.

Завести себе врага – значит ответить ему взаимностью.

Когда ты искренне веришь, что у тебя много врагов, – это значит: ты пошёл по рукам.

Кому-то это нравится. Кто-то и не умеет иначе: ведь переизбыток неприязни вызывает почти те же самые чувства, что и переизбыток любви.

«О, как меня не любят! Я такой значимый! Я такой заметный! Пожалуй, ещё раз крикну: "Эй, ублюдки! Земноводные! Твари дрожащие!.." О, зашевелились. Значит, я есть!»

Любовью стад кормятся с тою же ненасытностью, что и ненавистью стад. Иногда кормятся и тем и другим одновременно.

Но, вообще говоря, человеку вполне должно хватать для ненависти и для любви самого себя и нескольких ближних, связанных кровью и родством.

Всё остальное – от лукавого. Всё остальное отвлекает от главного.

Мне нет никакого дела до моих врагов. Кто вас таковыми назначил? Никто! А самозванцы тут не принимаются, у нас не Смутное время.

Если хотите стать моим врагом – подставьте себе табуретку и подпрыгивайте вверх, чтоб я вас заметил. У вас есть шансы, но небольшие – немногим выше табуретки.

Попробуйте, впрочем, поставить одну табуретку на другую и взгромоздитесь сверху. Возможно, чуть позже я услышу грохот и заинтересуюсь.

Пока что мне неинтересно.

Какие-то либералы, какие-то патриоты, все копошатся, издают стрёкот и клёкот.

Либералы обвиняют тебя в чрезмерном патриотизме, патриоты – в чрезмерном либерализме.

Либералы уверены, что ты продался патриотам. Патриоты уверены, что ты продался либералам.

Человек без ценника – анахронизм, непонятно, что с ним делать.

«Парень, да ты с изъяном!»

Либералы ходят вокруг, туда, сюда и обратно с хозяйским видом, а сами в любую минуту опасаются, что на них прикрикнут, войдёт мужик в ужасном тулупе, засунет либерала в пахучий карман, сдавит двумя пальцами за певчую шею, унесёт топить к проруби.

Патриоты сидят с обиженными лицами, словно им обещали принести щей, а вместо этого оставили голодными, не пригласили в зал, оставили в дворницкой, а в зале музыка, а в зале устрицы, а в зале танцы и женщины с голыми плечами.

Сидит патриот, чешет себя в разных местах и говорит: «Устрицы – пища чуждая, немужицкая, женщины ваши – сами как устрицы, не хочу их, не хочу их нисколько, и музыка ваша бесовская...»

А сам втайне ждёт, что явится генерал-губернатор с багровым, как закат Европы, лицом, икнёт, заметит в темноте патриота, удивится, спросит: «А ты что здесь, братец? Пойдём-ка хряпнем водочки!»

И патриот пойдёт, потянется за генерал-губернатором с детским, искренним чувством, ему тоже хочется, чтоб его взяли на руки, пригрели, поцеловали.

Встанет патриот подальше от либерала, боком к нему, а либерал, в свою очередь, отойдёт на три шага от патриота и тоже боком повернётся. И лишь генерал-губернатор будет сиять посредине, как самовар: о него всякий втайне желает погреться.

Знаю одного либерала. Это не просто либерал, это апофеоз, это апокриф, это носитель тотального парадокса.

Знаю одного патриота. Это не просто патриот, он заслуженный мастер культуры, народный университет и хранитель устоев в одном лице.

Оба из комсомольцев.

Наблюдал как-то обоих вблизи генерал-губернатора. Генерал-губернатор повернётся налево – там тут же стоит заслуженный патриот, в руке шампанское, тянется чокнуться. Генерал-губернатор повернётся направо – там немедленно оказывается наш либеральный парадокс со своим бокалом вина. Губернатор назад – а там всё тот же лоснящийся мракобес. Губернатор вперёд – а там всё тот же ходячий апокриф.

Каждый из них – и мой любезный либерал, и мой незабвенный патриот, – умеет стоять сразу с четырёх сторон от генерал-губернатора. Это талант! Это дар.

Но вообще мне иногда кажется, что эти двое, сколь бы они ни презирали друг друга, – близнецы.

Что делать со всем этим? Всерьёз сердиться на либерала? На патриота? На генерал-губернатора? Вызвать кого-нибудь на дуэль? Явиться в центр залы с видом Чацкого, нахамить всем поочерёдно?

Вообще, неплохо, вообще — даже увлекательно.

Но вы никогда не думали, что Чацкий — это всего лишь вывернутый наизнанку Хлестаков?

Онегин — и тот чуть напоминает Хлестакова навыворот. Печорин — тоже перешитый заново, мизантропичный Хлестаков. Да и Базаров — всё тот же Хлестаков, но перелицованный уже по науке.

С одной разницей, что Хлестаков, хоть на день, но принёс людям надежду, осчастливил их, успокоил. Не желал себе наживать врагов, и в некотором смысле не нажил.

В то время как эти невозможные чацкие оскорбляют приличных людей, бьют по лицу добрых товарищей, предают невест, режут лягушек, старательно разрушают и так сомнительную гармонию мира.

Не желаем мы себе такой судьбы.

Враги мои самозваные! Мои в корень зрящие! Мои проницательные! Читающие в душах! Постигшие суть! Отделяющие зёрна от плевел! Русских от нерусских! Мракобесие от социал-дарвинизма! Религию от свободы!

Вы правы.

Ревизор ещё не приехал. Наша фамилия Хлестаков. Нам нечем платить за номер в гостинице. Нам не дают в долг. Как дела, брат Пушкин? Да так как-то всё.

Хотите, мы уступим вам своё место. Выйдем за дверь. Смолчим. Утрёмся. Исчезнем. Извините, я украл ваше самопишущее перо. И вот ещё портсигар случайно унёс. Всё возвращаю. Возьмите и не держите зла, покорно-с благодарю-с.

Всё-таки хотите стреляться? Только ради вас. Исключительно ради вашего спокойствия. Вы сами попросили. Вы попросили — мы выстрелили.

...Дым рассеялся, один из нас убит...

А так — никакого раздражения, никаких обид, никакой вражды.

Ничего личного.

ЛИМИТ НА ЭВОЛЮЦИЮ ИСЧЕРПАН

О необходимости амбициозной власти

Наши буржуазные охранители любят говорить, что склонность к революции — это нереализованные комплексы некоторых отдельно взятых граждан.

Но революция — это в первую очередь огромные амбиции.

И далеко не всегда личные.

Скажем, у меня никаких особенных амбиций нет, а те, что были, давно удовлетворены. Но я, как и большинство граждан России, желаю жить в амбициозной стране.

Только не надо путать амбиции с понтами. У нынешней России до недавнего времени амбиций было минимум — а вот понтов много.

Государственные амбиции от понтов отличаются очень просто — за понтами ничего нет. Мы можем бряцать военной мощью, которую разворовываем, гордиться научным потенциалом, который разбазариваем, говорить о единении народа – совершенно эфемерном, – всё это и есть понты, а не амбиции.

Порой кажется, что у любого человека с чувством достоинства смотреть на происходящее давно нет никакого желания.

Но это ошибочная уверенность.

Тут публицист Григорий Ревзин осчастливил нас остроумной статьёй «Большие маленькие дела». Подзаголовок статьи – «О кризисе революционной логики».

Подход, конечно же, не поражающий новизной. О кризисе революционной логики начали говорить ещё в начале девяностых. Тогда новая буржуазия только-только совершила в своих целях самую настоящую революцию и по её завершении немедленно объявила: баста! Больше революций не надо. Теперь будем развиваться эволюционно.

С тех пор новые буржуазные охранители, едва почувствуют запах палёного, сразу самозабвенно рассказывают про эволюцию и про малые дела.

Никто из них не хочет объяснить, хотя бы кратко, почему, к примеру, в 1991 году все они поголовно были против эволюции, а сейчас вдруг стали – «за».

Мы-то знаем почему, но пусть они сами про это хоть раз скажут.

Впрочем, можем попытаться ответить за них.

После буржуазной революции в России у многих представителей новых российских элит, в связи с неожиданным и даже несколько парадоксальным повышением материального состояния (всё заработано адским трудом, работали годами с 6 до 24 – знаем-знаем, даже не повторяйте), очень развился инстинкт самосохранения.

Ввиду того, что инстинкт – это не рог и не хвост, его при внешнем рассмотрении и не увидишь, даже сами носители этого инстинкта могут о нём вроде как и не догадываться.

Проблема в том, что их инстинкт личного самосохранения многократно преувеличивает инстинкт самосохранения, прошу прощения, нации.

И вот два этих инстинкта – у отдельных личностей и у нации в целом – вступают в некоторое противоречие.

Что бы ни происходило в стране, наша новая и вполне самозваная аристократия теперь всегда будет твердить, что ломать ничего нельзя, двигаться можно только э-во-лю-ци-он-но!

Ну, то есть очень медленно и аккуратно. Так, чтоб, когда всё начнёт обваливаться (а всё начнёт обваливаться, это втайне понимает и сама аристократия), – они могли аккуратно собрать вещи и выехать на новое место проживания – уже, впрочем, неплохо обжитое в период т.н. эволюционного развития.

По любым статистическим показателям нынешняя Россия кошмарным образом проигрывает Советскому Союзу образца 1985 года. Да, продуктовые полки забиты более-менее съестными товарами и личного автотранспорта у населения стало больше. Ещё телеканалов прибавилось. Но: умирает людей больше, а рождается меньше. Преступлений больше, а раскрываемость меньше. Больных самыми необычайными заразами больше, а лечат их – в целом по стране – всё хуже. У нас первое место в мире по подростковым самоубийствам! Это на фоне стабильности-то. Коррупция выросла вообще несопоставимо со временами исторического материализма. Аварийность в связи с общей деградацией технической базы по стране тоже в разы выше. Урожаи в сельском хозяйстве, что бы нам тут периодически ни говорили, упали. Про остальное народное хозяйство вообще говорить не хочется. Кто-то может сказать, что армия стала сильнее? Космические программы какие-то новые появились? Или хотя бы старые остались? А теракты? А наркомания? Про беспризорных и бомжей вообще говорить неприлично — это дурной тон, в ответ на это у нас уже лет десять брезгливо пожимают плечами: типа, тоже мне довод, пошлость какая.

И вот, несмотря на всё это, в 1989 году нас убеждали, что так больше жить нельзя, а сейчас те же самые люди уверяют, что только так и можно.

Знаете, почему? Потому что, по их мнению, Советский Союз был объективное зло. А всё зло, которое имеет место сегодня, — это, не поверите, объективные процессы. Разница!

Поэтому объективное зло надо уничтожать (и потом ещё двадцать пять лет рассказывать: как хорошо, что оно уничтожено), а объективные процессы — в целом надо принимать. А частности ретушировать.

Тех же, кто их не принимает, желательно изолировать.

«*...совершивших революцию в 1917 году было немного,* – пишет Ревзин в своей статье. – *Рассматривая историю этого несчастного года, трудно ведь не прийти к выводу, что тогда недоглядели. Нет, ну конечно, можно сказать, что не Ленин с Троцким, так Зиновьев с Каменевым, не Дзержинский главным палачом, так Свердлов бы поработал, вообще нашлись бы люди. Но в принципе если так поискать, то их всех вместе набирается едва сто че-*

ловек, которые могли возглавить всю эту заваруху. Ведь её же нельзя просто так возглавить, надо как-то засветиться. Невозможно стать вождём совсем уж из подполья. Так что все известны поимённо. Ну что, стомиллионное государство не в состоянии решить проблему ста человек?

Причём у меня такое ощущение, что это знают не только все вообще, но и те, кто у власти, в особенности. И думают, что в этот раз уж точно доглядим. У государства большое дело – сбережение народа от революции, но при этом оно сводится к чему-то довольно-таки локальному, опять же не больше ста человек, и все они уже есть и известны поимённо».

Послушайте, это только мне кажется, или и вам тоже? Автор статьи прямым текстом предлагает выловить и как-то незатейливо, от беды подальше, прикрыть сто человек? То есть выходит в свет с публичной инициативой провести избирательные репрессии?

И это всё публикует «Огонёк»?

Помните, какой был «Огонёк» в 1989 году? Можете себе представить, как бы отреагировал этот «Огонёк» тогда, если б какой-нибудь Егор Лигачёв призвал бы выловить и посадить сто самых рьяных демократов?

Как всё меняется, боже мой.

Надо, конечно, напомнить Григорию Ревзину, что репрессии имели место и в прежние времена.

И Радищева ссылали, и Достоевского, и Чернышевского.

Хотя, быть может, стоило их всех перестрелять без суда и следствия, а не стучать в барабаны попусту.

И большевики, и прочие эсеры из тюрем и ссылок не вылезали, и, как бы по-скотски сейчас на эти темы ни иронизировали («сидели как на курортах!»), умирали смутьяны в этих ссылках в очень даже приличных количествах.

Собственно, и революционные преобразования памятного 1917 года начались, когда большинство этих самых большевиков либо находились за границей, либо сидели за решёткой.

То есть нельзя сказать, что недоглядывали. Головы вот, повторимся, не рубили прямо на площадях (и это, кажется, Григория Ревзина огорчает), – а так старались, работали.

И сейчас работают. И хотели бы добиться окончательного результата, но не всё так просто.

У Ревзина, судя по всему, несколько идеалистические представления об этих процессах, поэтому я могу объяснить суть проблемы на одном простом примере.

В 2001 году на границе с Казахстаном были задержаны Эдуард Лимонов и ряд его ближайших соратников. Сажать их собирались надолго, это всем тогда было понятно.

Я находился в те дни внутри ситуации и могу с Ревзиным поделиться своими ощущениями.

Удивительным образом после ареста Лимонова в партию начался приток новых людей – сотен и даже тысяч человек.

Партийные организации стремительно возникли почти в семидесяти городах, хотя органы были уверены (почти как Ревзин сейчас), что без Лимонова и его ближайших соратников партия немедленно развалится.

Если б тогда власти решили провести массовую зачистку – пришлось бы запустить как минимум сотни уголовных дел по всей стране. Причём, конечно же, дел надуманных, ложных и лживых.

Власть это прекрасно осознала чуть позже, когда Лимонова посадила (правда, на меньший срок, чем ожидалось), а партия, пока он сидел, так и продолжала расти день ото дня.

Можно было бы посадить ещё десять, или двадцать, или сорок человек – собственно, так и делали, – а результат получался противоположный.

Тогда в кремлёвских покоях кто-то додумался объявить всю партию целиком экстремистской, чтоб не утруждать себя поиском вины у нескольких тысяч активистов или фальсификацией полутора тонн уголовных дел.

Объявили! – но желаемого всё равно не достигли.

Григорий Ревзин, быть может, думает, что власть глупая, а он умный. Мы не готовы сказать, что всё ровно наоборот. Но власть точно не глупая. Власть прекрасно отдаёт себе отчёт в реальном оппозиционном потенциале, скажем, Собчак, или, скажем, Пархоменко.

Власть их не то что не изолирует – она их будет хранить и беречь.

Поддерживать, конечно, под уздцы иногда, но в меру, в меру.

Потому что они – тоже за эволюцию! Это ж самое важное, самое ключевое, самое волшебное слово! Это – пароль.

Жаль, многие понимают процесс эволюции превратно. Они искренне думают, что эволюция – это плавное и величественное течение природы, а революция – это результат рукоблудия каких-то вздорных негодяев.

На самом деле революция уж точно имеет не меньшее отношение к природе, чем эволюция.

Мне здесь не хотелось бы пересказывать советские учебники моему совершенно случайному оппоненту Григорию Ревзину (просто под руку попалась эта статья – но её тезисы много кто повторяет, большого ума не надо для этого). Однако одну вещь из этих учебников мы всё-таки напомним. Про «верхи не могут, низы не хотят».

Дело вовсе не в ста весьма относительно буйных — а в том, что миллионы людей в России не испытывают уважения и доверия ни к одному государственному институту. Ни к судам, ни к прокуратурам, ни к полиции, ни к правительству, ни к парламенту, и т.д, и т.п.

Да, есть люди, которые хотят, чтоб их оставили в покое, потому что у них всё хорошо. Есть люди, которые всегда всего боятся. Есть люди, которым вообще нет дела до России – существует она или нет её. Но с чего они взяли, что именно их жизнь и деятельность находятся в полном согласии с процессом эволюции? Кто об этом нашептал конкретно Ревзину? Голос ему был?

В статье своей Ревзин совершает традиционный подлог. Он уверяет, что в отличие от прекраснодушных людей, которые занимаются малыми, полезными делами, есть люди объективно дурные, которые хотят заниматься только большими, вредными делами вроде революций. Нет чтоб дерево посадить или старушку перевести через дорогу.

«Дедуктивная логика – сначала общий принцип, потом частные вопросы, – начисто разбила индуктивную – от частных случаев к обобщениям», – сердится Ревзин.

Хоть убейте, но я всё равно не пойму, какими малыми делами Григорий Ревзин предлагает исправлять ситуацию в сферах, частному человеку неподвластных?

С образованием — да, ясно: мы должны сами выучить своих детей, нам никто ничего не обязан. А вот с армией как? Научить сыновей стрелять из лука? Дать им уроки верховой езды? А с оборонным заказом как быть? Скинемся по червонцу?

Про космос молчим, там нам всё равно делать нечего. Но есть другие, не менее, чем космос, масштабные проблемы вроде экологии.

Летишь над Сибирью — и видишь огромные проплешины. Темпы, какими в нынешней России истребляют лес, не снились даже большевикам в эпоху индустриализации.

И как вы представляете себе малые дела в области лесопользования?

Вы посадили деревце, а они — раз, и спилили сто гектар в другом месте. Вы ещё посадили, а они — раз, и отдали «в аренду» китайцам небольшой (с маленькую европейскую страну) кусочек тайги.

И так по всем направлениям.

Мало того! Несколько лет назад на Болотную площадь вышло сто тысяч человек, большинство из которых, как мне видится, последние двадцать лет занимались именно что малыми делами, в искренней убеждённости, что если они нормально взрастят свой сад — то и вся страна расцветёт.

Но нужно быть или совсем слепым, или не очень хорошим человеком, чтоб не увидеть наконец одну очевидную вещь: тысячи и даже миллионы малых дел неспособны хоть как-то уравновесить большие дела, творимые властью.

Тут надо ещё раз повторить, а то никак не доходит: мы не против малых дел, мы за них, и сами, в меру сил, совершаем их. Просто есть проблемы, которые требуют иных подходов. Масштабных! Государственных! И этих проблем — до чёрта! Куда взгляд ни кинь — сразу видна подобная проблема.

Та эволюция, что нам долгое время предлагала власть, — являлась нашей деградацией по всем направлениям.

Власть неспособна решить проблему коррупции и воровства, потому что она сама в первую голову всем этим занимается и не имеет ни сил, ни желания бороться с собою и себя побеждать. Они вывозили из страны десять миллиардов долларов ежемесячно, вывозят и будут вывозить.

Армейская реформа, задача которой — сделать армию компактной (то есть закрыть почти все оставшиеся военные училища и уволить ещё тысяч сто офицеров) и модернизированной (ага), — точно сделает армию не только компактной (слово-то какое ублюдское), но и окончательно отсталой (а с кем нам воевать?).

Реформа образования, задача которой — вывести образование на общемировой уровень, на самом деле имеет тайную цель (как и реформирование большинства остальных систем и отраслей) провести деконструкцию советской системы — безусловно, действенной, но очень дорогой для нынешней, крайне экономной власти.

Власть экономит на нас и будет продолжать экономить, пока, как говорится, смерть не разлучит нас.

Либо пусть власть сойдёт с ума и совершит нам революцию сверху, либо она случится снизу – другого выхода нет.

Я это вижу на примере той деревни, где живу (и десятка деревень в округе), – и спокойно отдаю себе отчёт, что касается это вовсе не только провинции. Содержание большей части населения в России для действующей власти – нерентабельно.

Уже четверть века мы делаем выбор между властью и деревней в пользу власти. Деревень всё меньше, власть всё жирнее.

Американцы тут делали масштабное исследование и пришли к выводам, от которых мы старательно бежим: Россия – с нашими кошмарными темпами вымирания – не сможет контролировать свою территорию уже через тридцать лет.

Думаете, стоит подождать, чтоб убедиться в этом самим?

А я вот думаю, что не стоит.

...На посошок традиционно остаётся финальный вопрос: а с чего вы взяли, что после смены власти будет лучше?

Спорить тут бессмысленно, потому что спор касается того, чего на свете ещё нет. То есть целиком лежит в области веры.

Тем более если ваш оппонент, как, к примеру, всё тот же Григорий Ревзин, на полном серьёзе рассказывает про то, как Ленин терпеть не мог «малые дела» и именно поэтому совершил большую революцию. «*Что было потом со здравоохранением, образованием и даже общественным питанием, мы хорошо знаем по истории – они прекратили свое существование*», – констатирует Ревзин.

Ясно вам?

Ни много ни мало: «прекратили своё существование».

Не было у нас ни здравоохранения, ни образования вовсе. Сам Ревзин, видимо, учился по записям деда на бересте, питался кореньями и ими же лечился.

И вот с этим человеком мы тут спорили.

Ерундой какой-то иногда приходится заниматься, честное слово.

КЛУНИ СЫГРАЕТ НАС ВСЕХ

История мира как комикс

Попалась на глаза любопытная колонка в одном глянцевом журнале.

Главный редактор красочного мужского издания рассуждает о запрете гомосексуальной пропаганды в России и легко приходит к замечательным выводам.

«*...на что точно никто не рассчитывал – это что Россия примет свой первый федеральный закон, ограничивающий геев в правах, в ту же неделю, когда Верховный суд США отменит последний такой закон*», — пишет редактор.

Он сам, как мы понимаем, живёт в США и, находясь там, делает для нас журнал.

«*...меня занимает уже не первый год,* — говорит он, — *как часто и насколько всерьёз консерваторы-запретители по всему миру задумываются о своей роли в истории – вернее, не в истории, а в той повествовательной канве, что* *с историей неминуемо смешивается и подчас её заменяет? Понимают ли они, что в интуитивно-популистской версии событий, которая со временем всегда становится главной, им уготовано только одно амплуа: злодеи?»*

«Всё, что требуется признать, — продолжает он, — *это то, что тенденция к либерализации есть и никуда не денется: то, что произошло в начале XX века с женщинами, а в середине – с темнокожими, в начале XXI века произойдёт с ЛГБТ».*

«Любые попытки дать гражданским свободам обратный ход при должном масштабировании оказываются статистическими погрешностями», — уверен автор.

Консерваторы-запретители в США, рассказывает он, больше всего боятся, что их впоследствии изобразят в кино в негативном виде, в то время как их просвещённых противников, к примеру, какого-нибудь очередного героического адвоката, «сыграет грёбаный Джордж Клуни».

Про Клуни смешно; мне понравилось.

«Жажда свободы – один из главных сюжетов мирового масскульта, — подмечает автор колонки, — *кирпич в его фундаменте. Даже самое верноподданническое российское кино не решается с ним расстаться, несмотря на изменившуюся, казалось бы, повестку: например, у ультрагосударственников из "ТРИТЭ" и ВГТРК в фильме "Легенда №17" главный отрицательный персонаж всё равно гэбист, и в "Высоцком" – гэбист».*

Наглядная иллюстрация уверенной поступи мирового прогресса.

Гэбист в «Высоцком», в огороде бузина, всё на местах.

Приличный человек в моём лице должен с порога заявить про свою давнюю любовь к поэзии Михаила Кузмина, музыке Петра Ильича Чайковского и висящий за моим левым плечом портрет Марка Алмонда на стене (он там действительно есть).

Меня воистину волнует не столько тема, заявленная в колонке глянцевого редактора, сколько существующая в его воображении картина мира. Картинка, я бы сказал.

Этот редактор, кажется мне, прожил свои тридцать или сорок лет в Америке — и в этот же срок втиснул все свои представления об истории человечества.

В понимании редактора только собственная его жизнь и несколько событий прошлого века не являются статистической погрешностью. А всё, что противоречит его картинке мира и представлениям об идеальном порядке вещей, отражаемом Голливудом, — является. «Грёбаный Клуни» рулит. Это вам не старомодный Джизус Крайст, которым можно только ругаться при виде космической тарелки.

Пусть с ним, что редактор, помимо неизбежности демократии, мало что заметил в крайне разнообразной истории мира. Но раз он так любит ссылаться на американское кино, чего ж он тогда не обратит внимание, что там с недавнего времени в каждой второй картине наступает апокалипсис: люди убивают, пытают и пожирают друг друга, им вдруг оказывается вообще не до гражданских свобод.

Это «статистические погрешности» подгоняют нас к такому финалу или, может быть, некоторые издержки демократии?

Примат демократических ценностей над охранительными и консервативными — всего лишь допущение, ничем не доказанное.

Фукуяма писал, что в 1919 году в мире было 25 демократических государств, а в 1940-м – уже 13, в 1960-м – 36, а в 1975-м – почему-то 30. В течение весьма короткого промежутка времени – такие приливы и отливы. Всегда можно разбомбить несколько стран – список демократий пополнится. Однако до сих пор, между прочим, большая часть человечества живёт в странах, которые демократическими не являются.

Да, есть США, да, они существуют двести с лишним лет – но им самим-то не смешно соизмерять историю человечества со своим поступательным путём?

Римская империя существовала куда больше и след в мировой культуре оставила как минимум не менее весомый: по крайней мере, оглядываться на Грецию у Римской империи получалось куда более изящней, чем нынешним янки – ассоциировать себя с Римом.

Наглядное разнообразие половых взаимоотношений имело место уже в те крылатые времена. Да и демократия была явлена нам как раз в Греции. Но, всматриваясь в историю человечества, любой разумный человек согласится, что с тех пор никакого линейного пути эта история не продемонстрировала. Половина гражданских свобод была уже тогда, просматривалась «тенденция к либерализации» – и что в итоге?

Демократии топчут варваров, варвары топчут просвещённые деспотии, просвещённые деспотии гибнут от рук непросвещённых деспотий, непросвещённые деспотии становятся демократиями, следом они из демократий без посторонней помощи превращаются в фашистские государства (см. историю Европы первой половины XX века), ну и так далее — даже не по кругу, а удивительными зигзагами. Фашистские государства становятся демократиями, потом их снова сжирают варвары... Какое уж тут линейное движение.

Однако нынешние либералы, в том числе и наш глянцевый редактор, видят всё это словно какие-то марксисты нового образца. У марксистов вся история человечества, начиная с первобытно-общинных времён, вела к победе теории Маркса и диктатуре пролетариата, а у этих ребят Тутанхамон, Платон, Александр Македонский, Чингисхан, Леонардо да Винчи, Шекспир и Фрейд жили ровно затем, чтоб их правильно сыграл Клуни.

Те, кто с таким подходом не согласен, — люди умственно отсталые, пещерные, не понимающие элементарных доводов.

Редактор же пишет: белые американцы освободили негров. Ясно? Всё сходится! Так они продемонстрировали всему миру то, что существует свобода и её не остановить.

Нет, какая всё-таки прелесть! Негры жили чёрт знает сколько лет сами по себе и вообще не нуждались в том, чтоб их освобождали, потому что их и так никто не сажал на цепь — по крайней мере, по расовым причинам.

Тут вдруг выясняется, что милейшие белые люди освободили их совсем недавно, в прошлом веке, и теперь ещё рассказывают об этом в качестве сверхубедительной самопрезентации.

Всё это кошмарное самодовольство казалось бы смешным, но от него всего один шаг до военных походов на, скажем, Сирию. Оттого что: почему бы и нет? Эти мрачные сирийцы не нравятся героям, которых играет Клуни, разве вам не ясно?

В мире больше не осталось истории, один масскульт — ладно бы свой у каждого: нет, общий на всех, и глянцевый редактор — пророк его. Старого Бога тоже нет, его придумал какой-то невротик вроде Достоевского. Нет китайцев, нет японцев, нет индийцев. Индейцев тоже нет, и то, что им совсем недавно разрешили быть в вестернах «хорошими», вовсе не отменяет того факта, что в фильмах про американскую и мексиканскую мафию они по-прежнему такое же кровожадное зверьё, как их предки, мешавшие ковбоям скакать на их лошадках.

Россия есть только в той степени, в которой она способна собезьянничать Штаты. А в общем и целом в мире не только есть — но и была! — одна американская демократия: она летит к свету, освобождая всё на своём пути.

После Второй мировой войны нам постепенно нарисовали комикс про мировую историю: «Краткое содержание предыдущих серий; сейчас наконец будет Клуни в роли адвоката». Главное, теперь никому не рассказывать, что, в сущности, на фоне толщи столетий за спиной этот десятистраничный комикс более всего напоминает ту самую пресловутую «статистическую погрешность».

Попавшие внутрь этой погрешности стремятся залить бетоном и мрамором шаткую поверхность под собой («Кто против нас с Клуни?») и объявить имеющиеся у них в наличии промежуточные итоги — окончательными.

Увидели плохого гэбиста в двух фильмах – и уже докладывают нам, что это прогресс. А если вдруг появится хороший гэбист – это, значит, движение вспять.

Гражданин редактор предпочёл не заметить, что сейчас положительных гэбистов в русском кино едва ли не больше, чем плохих, вот и Штирлиц вернулся; даже на означенном маленьком фронте ни о каком поступательном движении говорить не приходится.

Скажете, у нас идёт реставрация? Наверное. Но вы не задумывались над тем, что Реставрация и Возрождение означают по сути одно и то же?

Мы вовсе не ведём к тому, что гэбисты – хорошо, а всякие сообщества – плохо. Речь всего лишь о том, что мировая история видоизменяется и раскачивается неустанно, она – живой организм, и чем она себя лечит, и чем она себя губит – решить крайне сложно.

Может демократия морочить целую страну, как банальная простуда. Может всё той же стране тоталитаризм сломать позвоночник. А бывает, что демократия надламывает позвоночник так, что деспотия на этом фоне кажется простудой.

Империя инков существовала половину тысячелетия и думала, что она навсегда. Австро-Венгрия была самой крупной страной Европы и считала себя центром мира – сейчас большинство населения Земли даже не помнит про такую страну. В СССР никто и предположить не мог, что Колчак станет красивым, как Хабенский. Теперь вот прибежали злые дети из «Макдональдса», рассказывают нам, как на прошлой неделе они освободили женщин. Но на месте Байконура растёт трава, и на месте Голливуда вырастет трава. «Весь мир — трава», как мог бы сказать Боб Марли.

Масскульт, в любом его виде, сегодня фиксирует одно, завтра — другое. Клуни — умный парень, и в конечном итоге сыграет всё что нужно: была бы Рифеншталь.

Мало ли на свете существовало разнообразных парадоксов! Можно придумать много новых. Просвещённый кардинал Ришелье по сей день выглядит как мракобес, малахольный злодей Николай Второй — напротив.

Александр Македонский иногда, в минуту душевных сомнений, был геем, хотя, говорят, завёл около семисот детей от самого себя, Чингисхан, кажется, не был геем, а Иван Грозный точно нет.

На сегодня в масскульте Македонский — милый, красивый, одарённый юноша, он пришёл в Азию и всех победил; Чингисхан — тоже ничего, потому что он друг степей, и дик, и никогда не воевал против американцев; а Грозный — безусловно плохой, он к тому же русский, с длинной бородой, глаза вытаращил, этого точно в ад; даром что людей убил в сотни раз меньше, чем его коллеги по созданию империй.

Всё сложилось как пазл. Но эта ваша детская картинка мира — кому вы её предлагаете? Что с ней делать-то? Приколоться? Ну, прикольно, спасибо.

В комиксе легко жить, там всё понятно; проблема лишь в том, что его кто-то придумал для нас.

Безусловно, гражданину глянцевому редактору никто не звонил и не просил написать такую колонку, но для него заранее создали тренд, и вот он уже в тренде.

Далее следуют несколько незаметных движений рук — и в тренд попадает аудитория его журнала, фейсбук, лучшие московские кафе, все просвещённые пацаны и девчонки. Бьюсь об заклад, пять лет назад они даже не думали о том, что им сообщил гражданин редактор, а если бы им кто-нибудь сказал, что есть вот такая тема — они бы только криво усмехнулись: да ладно, чушь ведь.

Теперь они криво усмехаются, когда кто-то не воспринимает эту тему всерьёз.

И уверены, что эта их кривая усмешка — собственная. А она не собственная, им её приклеили, и они с ней ходят, свободные люди с зачарованным рассудком.

Вы можете собрать героев русской классики в компанию и дать им ровно ту тему, которую мы обсуждаем, чтоб и они поддержали беседу? Могут ли, скажем, двое мужчин, живущих в любви, усыновить маленького мальчика? Сидят Алёша Карамазов, Болконский, Наташа Ростова, Митя Карамазов и даже, к примеру, Базаров, и всерьёз говорят об этом.

Нет, такое невозможно представить. Бред.

Может быть, вы тогда представляете, как Чехов обсуждает это со Львом Толстым? Опять нет.

Может быть, это потому, что они вместе с их героями были людьми отсталыми, а мы с тех пор очень поумнели? Ха. Ха. Ха.

Эти старообразные персонажи переживут всех грёбаных адвокатов.

Однако один герой, который мог бы составить компанию глянцевому редактору, у нас всё-таки имеется. Его фамилия Смердяков.

Он вполне мог бы сочинять нужные колонки в его глянцевый журнал.

Безусловно, Смердяков — это одна из фамилий вашего прогресса; носи́те её на здоровье.

Мы думали, что прогресс — это мир, описанный в романах ранних Стругацких: космос, мужество, преодоление личного и низменного во имя идеалистических ценностей; оказалось, что нет. Прогресс — это охлос, ни в чём не повинное мужеложство, ставшее идеологией, примат личного и субъективистского над любым идеализмом.

Никогда в жизни гражданин редактор не напишет колонки про такие скучные и банальные вещи, как спасение русской деревни, быт шахтёров или военную реформу. Это же параллельный мир — а современные люди там не живут. Они живут в прогрессивном мире, неуклонно продолжающем поступательное движение.

Демократия приятна, отзывчива, всеядна. Клуни может сыграть даже мракобеса Достоевского. Представьте себе Клуни с бородой. Удивительное сходство, да?

И только Достоевский никогда не будет играть Клуни.

ДВОЙНОЙ СТАНДАРТ КАК ФОРМА ЖИЗНИ

Все уже перестали удивляться, а я всё равно удивляюсь, мне больше делать нечего.

Допустим, Олимпиада.

Есть люди, которые находят траты на Олимпиаду лишними и подлыми – какие могут быть Олимпиады, когда в Тульской области стоят нищие деревни.

Но если тем же самым людям предложить всё отобрать и поделить, к примеру, у Прохорова или у Абрамовича, – они посчитают тебя, ну, как минимум дураком.

В лучшем случае подробно расскажут, что «всем всё равно не хватит». А как же деревни в Тульской области – им бы хватило ведь?

«Право частной собственности священно», – ответят нам.

А почему право частной собственности, полученной путём подлогов, обмана и заказных убийств –

священно, а желание государства – кстати, в кои-то веки совпавшее с желанием населения, – сделать большой спортивный международный праздник – не священно?

Закрываем вопрос: взаимопонимания мы всё равно не достигнем.

Но спроси этих же самых людей: Голливуд – это круто?

Они скажут: Голливуд – это круто, и вообще безусловное доказательство величия Соединённых Штатов Америки.

Но Голливуд развивался в годы Великой депрессии – когда сотни тысяч людей переживали банкротства, совершали самоубийства, дети становились сиротами и пополняли детдома – может быть, не стоило создавать Голливуд?

Нет, скажут, Голливуд создавать стоило, а наша Олимпиада всё равно – позор и признак русского рабства. Каждый честный человек обязан уважать Голливуд и презирать Олимпиаду.

Могут, конечно, ничего этого не говорить, а просто нахамить. К примеру, так: «Уважай свою Олимпиаду, кто тебе мешает, дыши глубже, всё с тобой ясно».

Но мне нет никакого дела до Олимпиады, я вообще её не смотрел, у меня и телевизора нет: мне просто интересен ваш образ мыслей.

Вот, к примеру, если Россия повышает цену на газ для соседней Украины – это имперское скотство. Хорошо. Но если Россия даёт Украине семнадцать миллиардов – это тоже скотство. Почему так? Нельзя, чтоб примеры скотства были взаимоисключающими, тут надо выбрать либо первое, либо второе.

Берём первое. Газ всё-таки наш, а не общий. Чтобы он шёл по трубам, русские путешественники осваивали территории, русское воинство ходило туда и сюда по евразийским пространствам с огнём и мечом, потом мы строили как умели дороги, потом в проклятые советские времена проводили газопровод, заодно возводя ежегодно по новому городу вдоль газопровода; а попутно все эти столетия страна отстаивала своё право иметь этот газ, равно как и все остальные природные богатства, в непрекращающихся войнах, — так почему мы не можем поднять на него цену? Кто-то не хочет в Таможенный союз, предпочитая Евросоюз, а кто-то хочет поднять цену на газ. У всех есть свобода выбора или не у всех?

Люди, которые находят вышеизложенную логику подлой, вместе с тем считают, к примеру, многолетнюю экономическую блокаду Кубы — нормальным политическим актом, а при слове «Куба» немедленно рассказывают про кубинскую нищету и проституцию, как будто никакой экономической блокады там не было и нет.

А тут вместо блокады — дают денег, семнадцать миллиардов, — и никакой благодарности, сплошное ёрничество.

Недавно один прогрессивно настроенный сочинитель написал колонку про то, что не стоит равнять этнический национализм и национализм имперский.

Подразумевается, что второй несравненно хуже.

Но здесь опять загвоздка.

Едва отдельные мрачные и грубые люди в России говорят о том, что нам необходим подъём национального самосознания, — вышеупомянутые сочинители сразу голосят: здесь всегда была многонациональная страна (ну, то есть, империя) — посему, национализм для неё смертелен.

Но когда отдельные мрачные и грубые люди в России говорят о том, что здесь всегда была многонациональная страна (ну, то есть, империя), и нам необходим подъём имперского сознания, — вышеупомянутые сочинители требуют оставить свои имперские комплексы и строить «нормальную страну».

Вы прямо скажите: чего надо-то? И так не эдак, и эдак не так. Вам империю или не империю? Определитесь!

Если вы ставите этнический национализм выше имперского, то в России всегда найдутся доброхоты, которые во славу этнического национализма проведут здесь ряд мероприятий национально-освободительного толка. Но если вы уже передумали — тогда сообщите об этом прямо, а то многие в растерянности.

Двойные стандарты — это не издержки российского либерализма. Это его суть. Это определённый образ мысли: он не может быть никаким иным, он может быть только таким.

Провести опрос на тему «Стоило ли сдавать Ленинград немцам?» — это нормально, потому что свободные люди имеют право обсуждать любые темы и вообще человека надо приучать думать, а если он думать не желает, надо сто сорок тысяч раз пошутить в фейсбуке про Кутузова и сдачу Москвы французам.

Ну, давайте приучать человека думать шире, давайте проведём опрос на тему «Являлся ли Адольф

Гитлер эффективным управленцем?», или «Насколько была обоснованна борьба нацистов против гомосексуализма?».

Вы же сами сказали: обсуждать можно что угодно, и человека надо приучать думать. Давайте тогда работать вместе на этом направлении. Что не так?

А? Что не так?

Вы думаете, это я вас спросил. Нет, это я себя спросил. И сам себе отвечу: всё не так.

Мы понемногу как-то доказали всем просвещённым людям, ЖЖ и глянцу, коммерсанту и комсомольцу, спутнику и погрому, что обменять страну, которая контролировала половину земного шара, на страну, которая не контролирует саму себя, из которой валится национальное богатство в мировые офшоры, как из дырявого мешка, – это в целом правильный выбор.

Нормально обменять страну, в которой никому никогда не приходило в голову заходить в школы и офисы с ружьём, – на страну, в которой стреляют по детям и взрослым ежемесячно.

Нормально обменять страну, в которой не торговали детскими органами и взрослыми людьми, – на страну, которая занимает по этим позициям одно из заметных мест в мире.

Нормально обменять страну с мощнейшей художественной школой – на страну, где правят бал актуальное искусство и банда концептуалистов.

Нормально обменять страну, где в статусе главного русского писателя был Михаил Шолохов, – на страну, где на это место, будто нехотя, болезненно морщась от скромности, уселся некто Акунин, поправил очки и неспешно занялся историей России:

история про князей, роман про князей, история про царей, роман про царей — аккуратный и добросовестный человек, почти как Чехов на Сахалине.

Всё это нормально, ко всему можно было привыкнуть, и половина страны уже привыкла. Спроси любого молодого городского человека: «Нормально?» — и он скажет: «А чё, нормально».

Это вам только кажется, что он так говорит, запутанный пропагандой. На самом деле он вырос в созданной вами стране, а вы его родители. Это вы снесли всей стране планку вкуса, здравого смысла, элементарных человеческих представлений о чести и достоинстве.

Теперь люди хватаются за любую соломинку, чтоб не осиротеть вконец.

Тем временем вы сплотились плечом к плечу против Скойбеды, с терпким ощущением противостояния толпе, мужичью, охлосу, — на вас якобы скорым поездом несётся ура-патриотический поезд, а вы, последние вменяемые, стоите на путях, как Вицин, Никулин и Моргунов.

Как будто никто не замечает, что вы сами в таком же поезде, а то и в бронепоезде, в тренде — вы, и толпа — вы: законодатели мод, короли подиума, журнальные персонажи, бесперебойные комментаторы, гении креатива — плечом к плечу, бедром к бедру.

Люди, которые радовались этому порядку и готовы были перегрызть за него глотку в 1994 году, без проблем мирились с ним в 2004 году, в 2014 году возглавляют борьбу против него, постанывая от ощущения своей восхитительной рукопожатности.

Неустанно говорят о своём гуманизме, а сами всё время ждут, чтоб кто-нибудь вымер, чтоб у них хоть что-нибудь получилось. Заметили, как часто наши либеральные деятели говорят: «Ничего не получится, пока не вымрут все совки»? Совков мало, поэтому берут шире: «Ничего не получится, пока не вымрет поколение, родившееся при советской власти». Но так тоже охват недостаточный, поэтому размах увеличивается: «Ничего не получится, пока не вымрет всё местное быдло».

Коси, коса, пока роса.

Пока не вымрет советское поколение, говорите? А что вы такого сделали, чтоб с ним равняться, малахольные мои? Оно вымрет – я останусь. И ещё посмотрим, кто из нас первый вымрет.

ОНО ОЖИВАЕТ

Ощущение, что в России нет «политической нации», что здесь вообще непонятно кто живёт, что «народ безмолвствует», что он распался на плесень и липовый мёд, — было всегда.

Это ощущение иначе, чем теперь, формулировалось автором «Слова о полку Игореве», протопопом Аввакумом, Ломоносовым, Чаадаевым, Державиным и Пушкиным. Ну так те были — родня, а не приблудились, как некоторые.

Однако во все времена было непонятно, что же такое здесь периодически пышет и взбухает, лезет из печи.

Рационального объяснения этому — по крайней мере, на «европейский манер» — нет и быть не могло.

Даже мы, суетливые современники, уже проходили э т о несколько раз только за последнюю четверть века.

Сначала казалось, что им всё удалось в года восьмидесятые, в начале девяностых. Они же всё взяли: власть, экономику, медиа, сели на голову, в одно ухо поёт Сванидзе, в другое — тот ещё, прежний Киселёв, в третье — Савик Шустер (а теперь мы знаем, как он нас любит), в четвёртое, берём наугад, Мария Арбатова. Вся молодая страна смотрела «Взгляд» и обожала Бориса Немцова. Почитайте подшивки «МК», «АиФ» и «Комсомолки» за те годы — ад адский. Ежедневно окучивали сто миллионов человек. Всех убедили, что мы народ-урод, и место наше в чёрной дыре. Если из дыры высовывалась голова — на неё лили кипячёными помоями.

Такая была пропаганда, что противостоять ей было нельзя — на пути стозевной пасти стояли, еле живые, газеты «Завтра» (невидаль лесная, вся в репьях и кореньях), газета «Лимонка» (банда полоумных детей во главе с психопатом) и «Наш современник» (черносотенцы с путаными черносотенными снами). Но что все они были в сравнении с одной газетой «Коммерсантъ»? Да ничего.

Вдруг к началу «нулевых» с такой любовью выстроенное здание пошло трещинами и частями посыпалось. Вылезли откуда-то косноязычные боевые генералы, переродились в красно-коричневых упырей Глазьев и Делягин, прочая нечисть разлепила свои тусклые глаза.

Кто же, кто дал этому импульс?! Кто этот огромный, «нутряной», «подспудный», неостановимый? Тот самый, что переделывал одного царя за другим, замучил совесть Грозного, обтесал Петра, свернул мозг Ленину, вывернул наизнанку Сталина и даже Ельцина загнал в Чечню воевать?

Непонятно кто! Потому что тут никого не было, кроме вот этой самой отсутствующей напрочь «политической нации», «народа безмолвствующего», быдла в ватничке.

Озадаченные люди в кремлёвских стенах наспех вылепили нового урода, чтобы жить у него внутри.

Теперь уже на угарно-патриотическом желтке: «старые песни о главном», братья Якеменко — два ряженых опричника, ледяной антидекадент Сурков, сто тысяч яйцеголовых пионеров из селигерских болот со своим хоровым «ква-ква»... но если всё это поскрябать, то внутри неизбежно обнаруживался тотальный «Дом-2», миллионы подростков, выращенные Ксенией Собчак — тонкой, глазастой девушкой, оказавшейся самой большой и убедительной наседкой на всю страну, наплодившей целое поколение порчаков; плюс к тому — расцвела идеология непобедимого гламура, как с горки покатились бесконечные глянцевые журналы, приличные люди вместо «здравствуйте» произносили сорок тысяч раз в сутки: «Пора валить», «Хочу в Европу», «Здесь нечего ловить».

На этом фоне «Завтра», «Лимонка» и «Наш современник» со своим «тёмным бормотаньем» (Т.Н.Толстая) казались идиотической древностью.

Любимый писатель страны стал — Акунин. Писательница — Людмила Улицкая. Для тех, кто лучше продвинут, — Сорокин. Сорокин придумал фельетон про «День опричника», который «всё объяснил» (ничего не объяснил, прокатился по ледяной поверхности на коньках, сделал тройной тулуп, словил аплодисменты). И Пелевин, конечно, — ведь он первым создал могучую философию, внутри которой так уютно. Суть философии прекрасна и успокоительна, она гласит: всё видимость и прикол.

И тут, ч-чёрт, раз — и эта, ещё более убедительная конструкция, тоже треснула и, скрипя что-то вроде «Ново… рррo… сссия», поехала на бок.

Снова выяснилось, что видимость — реальна и ничего тут прикольного нет. Всё живое и кровоточит.

Кто это сделал, ау?

Да бог его знает.

Не правитель же, не его премьер.

Какая-то вечно отсутствующая «политическая» нация снова повела плечом, печь крякнула, запахло палёным, во все сторону побежали из щелей тараканы и мыши.

Раздалось привычное: «Сейчас всё рухнет!»

Ничего ещё не случилось, но всё равно всех, всех, всех не покидает ощущение: «Здесь кто-то есть». «Где здесь?» — «Не знаю где — там внутри, в печке, в подполе — там кто-то живёт!»

Там кто-то живёт, да. Оно.

Оно всё время требует своего. И даже, время от времени, — добивается.

Только одно непонятно: к а к о н о э т о д е л а е т? Оно же ничего не делает! Ни-че-го! Оно просто живёт внутри.

Необъяснимо.

ЮНЫЙ, ЗЛОЙ, ЛЕВЫЙ

Быть левым — правильно. Быть левым — модно. Левый — значит: свободный, смелый. Талантливый, открытый, самоуверенный.

Левый — это поэзия, это юность.

Левый вышел на площадь.

Левый сказал своё слово.

Президент спросил недавно у группы из пятисот писателей: «Разве кто-то у нас хочет повторения 1917 года?»

В зале не было Лимонова, никто не ответил.

В зале не было Маяковского и Велимира Хлебникова. Не было Блока и Сергея Есенина.

Были какие-то другие люди.

Господин президент, это вы не хотите 1917-го, говорите про себя.

Тут есть желающие 1917 года.

1917-й может случиться.

То, что в столичных модных заведениях, на выставках и в театрах, в социальных сетях, в красивых журналах и на прикольных радиостанциях правят бал люди, для которых «левый» означает «маргинал», «лузер» и «невежественный человек», – признак лёгкого вывиха мозга новейшей российской интеллигенции, студенчества, креативного класса.

Многие из них не любят власть (это прикольно, так принято, это комильфо), но в данном смысле рассуждают точно так же, как власть.

Тем временем мир левеет. Европа, на которую ссылается наша интеллигенция, – радикализируется, и лишь печалится, что у них нет сильных и злых «левых» партий.

Европу ожидает череда восстаний.

На фоне итальянской, греческой, французской или египетской молодёжи современная российская часто выглядит ленивой, мягкотелой, плывущей по течению.

Её научили, что это «цивилизованно», это – «как у них».

Мне об этом как-то говорил господин из правительства: надо учиться цивилизованному протесту.

А что, мы «за».

Только не надо ходить в Бирюлёво, надо стремиться в Кремль.

И если мы научимся цивилизованному протесту, в вашей брусчатке не останется булыжников.

Осталось объяснить, как быть и чем заняться новой русской молодёжи, а то они до сих пор думают, как господин из правительства.

Мало того, как только начинается праздник, сразу же выясняется, что Акунин, Немцов и Сванидзе тоже думают точно так же.

Все они – за «эволюцию».

Каждый из них хорошо выглядит, но это же силиконовые пенсионеры, у них давно должны быть внуки: дедушка, а покачай меня на своей силиконовой ноге. Откуда такой скрип, дедушка? Ой, у тебя нога отвалилась.

И глаз выпал.

Политическую моду определяют люди, которые одеваются в очень дорогих бутиках, но на поверку каждый из этих бутиков – секонд-хенд. Они были молодыми, когда вы ещё не родились.

Они говорят, что не надо социализма, потому что они это уже проходили.

«Дедушка, я вырос, я хочу влюбиться!» – «Не надо, мы это уже проходили. Влюбляйся в меня».

Нет, старичок. Раз ты проходил – так проходи тогда дальше, а то торчишь тут на пути как коряга.

Всем мозги уже разъел своими нотациями.

Выяснилось, что стадное чувство характерно не только для гопоты. Креативный класс живёт по своим понятиям, стандартизированным и подловатым.

Он толерантный и политкорректный, это само собой. При этом в его словаре плотно живут слова «рашка» и «совок».

Друг мой, может, ты очень и очень болен? Отчего «рашка» и «совок» – это нормально, а смеяться над гей-парадом и предлагать всё отнять и поделить – нет?

Твоя «рашка» и твой «совок» на языке – такая же мерзость, как «чурка» и «черножопый». Или ты не в курсе? Так будь в курсе.

Твоя толерантность – блеф, пшик, гон.

Мировой неолиберал изнасиловал Африку и Азию, Россию и Латинскую Америку – и при этом рассказывает про толерантность.

Брехня и фарисейство.

Толерантный – это левый. Левый – за свои народы. Либерал – за свои свободы. Чувствуете разницу?

Либерализм получился в пятнадцати странах и не получился в ста пятидесяти, но это принято считать несущественной деталью.

Теперь и в этих пятнадцати проблемы, но российский хипстер сладко верит в либерализм, ест его, как сладкую вату, мечтает о нём, как о морском курорте, дует в него, как в дудочку.

Пройдёт какое-то время, и леветь начнут те страны, от которых этого вообще никто не ждёт.

В европах и америках пока есть один недостаток – их левые зачастую не претендуют на сам порядок вещей. Они говорят только про работу, зарплату, социальную защиту. Они хотят жить внутри либерального порядка и быть защищёнными «слева».

Такой вариант не пройдёт. Так больше не бывает. Чтобы жить в неолиберальном мире и быть защищённым «слева» – надо обокрасть кого-нибудь постороннего или найти клад.

Всех уже обокрали. Обворованные приехали в Европу за своей долей. Шансов больше нет.

Получиться может у нас.

Надо только стать свободней, резче.

У тебя есть убеждения?

«Да, я левак».

Это звучит как отличный удар по шайбе. Ловите гол.

Левый, русский — тоже отличная самопрезентация.

Левый, злой, неполиткорректный, хочу 1917 год, люблю Маяковского. Да.

Такие люди берут высоту, улыбаются гагаринской улыбкой, летят на Северный полюс, летят на Южный полюс, владеют географией, не потребляют информацию, а создают информацию.

Креативный класс сидит в «Бон Темпи», выходит в сеть, вяло язвит, кривляется, ставит лайки людям, у которых на лбу написано «припадочный, патентованный осёл».

Мы уже добрались до мира поздних Стругацких: говорят, режиссёр Герман снял про это фильм с ослиным членом во весь экран в кадре на целую минуту длиной.

Целая минута — это, видимо, мало. У нас тут хотят этот кадр растянуть в целую жизнь.

Или, может, не надо?

Поехали в мир ранних Стругацких. Там человек похож на человека, а не на ослиный член.

Кто сказал, что мы это уже проходили? Мы даже не начинали.

Сделаем попытку.

Иначе зачем нам эта юность, эти мышцы, эта страсть.

Левым быть красиво. Левый — это музыка, это драйв. Это свежая кровь. Это румба, это регги, это русская плясовая.

Че Гевара левый. Боб Марли левый. Лимонов левый. Ману Чао левый.

Когда юный, страстный человек идёт к либералам, это выглядит, как будто подростка заманивает к себе в номер старый, развратный, венозно-варикозный, с обвисшей на два размера кожей нетопырь.

Он пахнет дорогим одеколоном, он предлагает тебе коньяка в красивом бокале, он во фраке, он улыбчив и обходителен.

Но когда он разденется – тебя вырвет прямо на ковёр.

Не ходи туда, куда тебя зовут, товарищ, там всё прокисло, там всякая тварь с рублёвских дач учит вас жизни и цивилизации.

(Их цивилизация – это когда они живут в своих четырёхэтажных рублёвских квартирках, а ты слушаешь их скудную, самодовольную песню про эволюцию.)

Нахер их.

Будущая цивилизация – это ты.

ВЫЗЫВАЮ НА СЕБЯ ОГОНЬ, ХОЛОД И КАМНЕПАД

Отчего человек боится перемен, понятно – он в таких муках рождался.

Говорят, что потом мы целую жизнь можем прожить, не испытав и подобия того ужаса, что приходится на долю младенца, которого под крики матери тащит, сминая череп, неведомая сила куда-то в неизвестность.

А так хорошо было в животе – лежи, насыщайся теплом и прислушивайся, чего это там снаружи постукивает да пошумливает.

Мы с моей женою замечали, как ребёнок в животе пугается и затихает, если она, не дай бог, хворает и начинает в хвори кашлять. Внутри же грохот!

Но что это, говорю, в сравнении с родами.

Какой-то прапамятью люди понимают, что этот кошмар подобен погибели. Тебя вырывают из маленького, обжитого, единственно, казалось бы, возможного пространства — а зачем? что ты там не видел?

В том-то и дело, что ничего не видел.

Может, там и нет ничего хорошего — но нельзя же всю жизнь проплавать в околоплодных водах.

Мы знаем, откуда у людей вся эта нездоровая страсть чуть что ссылаться на «эволюционный путь развития». Они ж больше не хотят повторения того ужаса, что с ними однажды, на десятом месяце после зачатия, случился.

Это тогда всё обошлось — и человек родился в солнечный мир, тем более что ему через минуту предложили сиську пососать — это более трудоёмко, но в конечном счёте не менее приятно, чем питаться через пуповину.

Однако не факт, что любое другое подобное изменение приведёт к подобным результатам.

Между тем эволюция предполагает как раз не безболезненное пребывание в тепле и приятной слякоти, а совершенно катастрофические по человеческим меркам перемены — ошарашивающие, жуткие, революционные, когда череп деформируется, а родная мать кричит от боли.

Жизнь — в этом.

Современный русский человек, послушай его, имеет мечтою, по сути, всё то же возвращение в утробу — разве что в сознании и с возможностью реализовать половые интересы и прочие скромные игровые страсти.

Нам изначально предоставили то, что именуется свободой воли. Однако есть ощущение, что менее всего наш современник желает всерьёз ею воспользоваться

зоваться. Куда приятнее висеть вниз головой на пуповине.

Только что вернулся из Сибири — там холодно, там снежно, там минус сорок.

Я всё пытаюсь понять, как же так вышло, что в стародавние времени люди поднимались с насиженных мест и шли чёрт знает куда за приключениями, рискуя головой, замерзая и голодая. Садились в свои убогие струги и по кой-то чёрт открывали то мыс, то полуостров, то речку, то горку — а чаще ничего не открывали и замерзали во льдах, нацарапав на дощечке, что, мол, прости, жена, обратно не дойду, озяб вконец, превратился в леденец.

В течение нескольких столетий страна Россия прирастала ежедневно — то полянка, то лужочек, то чудесный островочек.

Каждый год возводилось по городу, детей рожали столько, что никаким китайцам не снилось.

Из околоплодных вод русский человек выплывал в мировой океан, вгрызался в новые земли и новые горы.

Последний виток был в середине прошлого века — ну, помните, улыбка Гагарина, фантастика Беляева, покорители Вселенной и прочая ныне забытая чепуха.

С тех пор человек не очень хочет строить город на мерзлоте. В космос не хочет. Даже размножаться не очень хочет. Типа, надо пожить самому — да и к чему вообще нищету плодить. То, что его самого когда-то наплодили, в расчёт не берётся. Он же не просил.

Мы вообще никого не просили осваивать тундру, открывать Дежнёву мыс Дежнёва, строить ледоколы и заниматься прочей бессмысленной деятельностью. Поэтому не беспокойте нас по пустякам.

Человек не хочет отдавать себе отчёт в том, что всё имеющееся у нас — от земли, по которой ходим, до Бога, в которого верим, — результат не «малых дел», о которых сейчас так любят говорить, а глобальных проектов, великих свершений, подвижничества, страсти к переменам.

Человеческая эволюция — это вовсе не привычка зависать на пуповине, пока она не надорвётся, а непрестанные роды.

Крик, боль и неизбежная новая жизнь.

Когда нам говорят, что нужно сначала заняться собой, а потом уже править мир вокруг себя, нас ужасно обманывают.

Человек по-настоящему изменяется только тогда, когда со всего размаху выпадает в мир. Человек становится человеком в пахоте, в подвиге, в поиске — а не в самокопании.

Если хочется сменить дурные привычки — куда лучше для начала изменить и вывернуть наизнанку страну вокруг себя. Перешить её заново, удлинить рукава, прицепить бант на грудь, учудить что-нибудь эдакое. Тут и привычка грызть ногти пропадёт незаметно.

Иначе, положа руку на сердце, — что́ о нас вспомнят потом? А?

Вы можете всерьёз придумать, что́ можно сказать в наше оправдание? Что мы сохраняли чудесную стабильность и качали из земли много чёрной нефти, чтоб и дальше сохранять стабильность?

А зачем?

Это никогда не было целью человечества. Оно не имело бы ни богов, ни героев, ни песен, когда б исключительно оберегало свой покой и тишину вокруг.

Впрочем, если вам не нужны ни герои, ни боги, ни песни – тогда и говорить не о чем.

НИЧЕГО ЛИЧНОГО, КРОМЕ ОБЕЗЬЯНЫ

Заметили, какой удивительный парадокс: словосочетание «ничего личного» стало едва ли не определяющим в наше время тотального индивидуализма.

Казалось бы, как раз у индивидуума всё должно быть личным, собственным, частным, не так ли?

Но это лишь на первый взгляд парадоксально.

Тихий, с усталым скепсисом произносимый лозунг «Ничего личного!» — это всего лишь способ снять с себя ответственность за всё, что тебя окружает.

«Ничего личного» — это больше, чем просто два слова, это новейшая философия.

Недавно должен был ехать в одну европейскую страну. Сначала настойчиво приглашали, потом неожиданно раздумали.

Организатор написал подробное письмо, где снисходительно сетовал, что я имею привычку высказываться от имени всего народа – это ужасно оскорбило европейца.

Нам такие люди в гостях нежелательны! – таков был пафос письма.

«Кто вам сказал, что есть какие-то народы? – вопрошал он. – Рискую вас огорчить, но все мы произошли от Адама и Евы. Или от одной и той же обезьяны».

В итоге они, не поверите, напрочь отказали мне в посещении их политкорректной страны.

А вот у вас есть фотография мамы на стене, подумал я. Выцветшая бумага, и, по сути, больше ничего. Я вот вырезал из журнала, взгляните, женщину, в цвете, ничем не хуже вашей матери, даже, мне кажется, лучше, – давайте её поместим за стекло, повесим на стену. Какая, в конце концов, разница – они же произошли от одной обезьяны? Или, быть может, ваша мама имела в предках какую-то особенную обезьяну? Вы знаете, к чему могут привести подобные рассуждения? Даже не начинайте. Ничего личного, слышите?

Или, быть может, есть некий язык, на котором вы произнесли первое своё слово. На том же языке произнёс первое слово ваш отец, ваш дед и ваш прадед. И вы уже половину земного пути носите в себе первое выученное наизусть четверостишие про «хаты – в ризах образа»: не вытравишь теперь никакой кислотой эти строки. Слушайте, оставьте эту речь. Выучите язык какого-нибудь крайне северного или крайне южного народа, он ничем не хуже вашего, на котором писал, к примеру, Лев Толстой. Или вы хотите сказать, что ваш Толстой выше литераторов крайне северного народа и народа крайне южного? Или вы, чёрт возьми, думаете, что у Толстого была в предках какая-то особенная обезьяна? Знаете, к чему могут привести подобные рассуждения? Даже не начинайте. Ничего личного, ясно?

А, может быть, у вас есть свой Бог, в которого вы поверили, которого призываете, которому молитесь? Этого Бога придумали те же самые обезьяны, что и всех остальных богов. Люди, которые предпочли смерть, но не расстались с маленьким нательным крестиком, — нелепые глупцы. Ничего личного, мой друг, мы ведь знаем, к чему приводит религиозное мракобесие.

А что вы прицепились к этой рябине у окна? Та же самая древесина, что и у всех остальных пальм.

Ваши дети более чем наполовину состоят из воды, как и все люди на свете. Ваших детей даже не обязательно менять на других детей — вы вполне можете сменять своё чадо на сорок литров лимонада. Всё вода, всё течёт.

Ваша почва ничем не отличается от почвы на другой стороне глобуса, так что напрасно вы топчетесь на кладбище у ваших родовых могил. С тем же успехом вы можете постоять на бесплатной парковке. И если парковку установят прямо на месте вашего кладбища — тоже не беда.

Ничего нет.

Мы все произошли от одной и той же обезьяны.

А вот у вас ещё есть ноготь на пальце, думал я мстительно. Кто вам сказал, что это ваш личный ноготь? Обычная роговица, нервных клеток не имеет, можно его вырвать, заменить на другой ноготь.

Ну?

Давайте уже вашу руку!

Скажете: не надо, это ваш личный ноготь? Скажете, больно?

Ну, так вот и нам больно.

Оставьте нас в покое с нашими богами, с нашим языком, с нашей гордостью и нашей горечью.

«Ничего личного» – это конечная стадия цивилизации, когда человек, лишённый родства, веры и географии, берёт свою обезьяну под руку и удаляется в личные джунгли.

Совет вам да любовь.

Мы остаёмся здесь, в личном пространстве.

Я думал: это вы – собственники, это вы – частники.

На самом деле вы нас обманули.

Собственники – это мы.

Это у вас ничего личного, только работа. А у нас тут всё личное: папка с мамкой, дедка с бабкой, репка с Жучкой, капитанская дочка, рябинка, берёзка, осинка, калинка, малинка, о, великий и могучий русский язык, война и мир, жизнь и судьба, преступление и наказание, последний поклон.

Пойду спою свою личную песню своему личному ребёнку на личном наречии, каждое слово которого давно стало моим существом.

Приходите в гости, вам тоже спою. Приносите с собой своих песен из своих земель.

Будем всем нам личная радость и общее веселье.

Литературно-художественное издание

Захар Прилепин

ЛЕТУЧИЕ БУРЛАКИ

Содержит нецензурную брань

Заведующая редакцией *Елена Шубина*
Редактор *Алексей Портнов*
Художественный редактор *Константин Парсаданян*
Технический редактор *Надежда Духанина*
Компьютерная верстка *Елены Илюшиной*
Корректоры *Екатерина Комарова, Надежда Власенко*

Общероссийский классификатор продукции
ОК-005-93, том 2; 953000 – книги, брошюры

ООО «Издательство АСТ»
129085 г. Москва, Звездный бульвар, д. 21, строение 3, комната 5
Наш электронный адрес: www.ast.ru
E-mail: astpub@aha.ru

Подписано в печать 19.11.2014. Формат 84х108 $^{1}/_{32}$.
Печать офсетная. Усл. печ. л. 18,48.
Тираж 10 000 экз. Заказ 4116

http://facebook.com/shubinabooks

http://vk.com/shubinabooks

Отпечатано с электронных носителей издательства.
ОАО «Тверской полиграфический комбинат». 170024, г. Тверь, пр-т Ленина, 5.
Телефон: (4822) 44-52-03, 44-50-34, Телефон/факс: (4822) 44-42-15.
Home page – www.tverpk.ru Электронная почта (E-mail) sales@tverpk.ru

ISBN 978-5-17-088415-5
9 785170 884155 >

ЗАХАР ПРИЛЕПИН

Лауреат премий
«Национальный бестселлер» и «Супернацбест»

К НАМ ЕДЕТ ПЕРЕСВЕТ

В книге «К нам едет Пересвет» собрана лучшая публицистика Захара – тексты как хорошо известные читателю, так и не публиковавшиеся ранее.

«Есть вещи, которые никогда не напишешь в прозе – они выламываются из текста. Когда о прозе говорят: “слишком публицистично” – это всегда минус. Что вовсе не отменяет ценность самой публицистики. Только дураки пишут исключительно в расчете на вечность и не размениваются по мелочам. В этой книжке я, напротив, старательно размениваюсь по мелочам, и хорошо, что так, и правильно».